Kult und Alltag in Tibet

Die tibetischen Sammlungen in der Völkerkunde-Abteilung
des Niedersächsischen Landesmuseums Hannover

Alex Smejkal

Kult und Alltag in Tibet

Die tibetischen Sammlungen in der Völkerkunde-Abteilung
des Niedersächsischen Landesmuseums Hannover

Niedersächsisches Landesmuseum
Hannover
Völkerkunde-Abteilung

Herausgeber: Viola König
Graphische Gestaltung, Karten, Zeichnungen
und Umschlagentwurf: Andreas Behrens
Photos: Soweit nicht anders angegeben
Karl-Heinz Uhe (Ktlg.-Nrn. 2–28, 34–40, 59–65, 67–96)
Ursula Stamme (Ktlg.-Nrn. 1, 29–33, 66, 98, 99)
Burkhard Brinker (Ktlg.-Nrn. 41–58)
Restaurierung: Hans-Dieter Marquordt
Lektorat: Andrea Schmidt
Lithos: City-Litho, Hannover
Herstellung und Druck: Th. Schäfer Druckerei GmbH, Hannover

ISBN 3-9800869-3-3

Katalogumschlag: zwei Rollbilder *(tib. thaṅ ka)*

vorn:	Darstellung von Szenen aus dem religiösen und alltäglichen Leben der Tibeter (Inv.-Nr. 14706)
hinten:	Zentrale Darstellung des Padmasambhava (Inv.-Nr. 14707)
Vorsatzblatt:	„Das Dach der Welt" gemalt von Fritz Laube. Original in der Völkerkunde-Abteilung des Nds. Landesmuseums Hannover

Inhalt

Vorwort

Mit dem vorliegenden Katalog wird der Öffentlichkeit zum ersten Mal ein Teilbereich des völkerkundlichen Sammlungsbestandes im Niedersächsischen Landesmuseum Hannover **umfassend** vorgestellt. Die Publikation weiterer regionaler Schwerpunkte der Völkerkunde-Abteilung soll in absehbarer Zeit erfolgen[1].

Band I „Kult und Alltag in Tibet" ist das Ergebnis der wissenschaftlichen Bearbeitung aller tibetischen Sammlungsgegenstände in der Abteilung durch Alex Smejkal, der an der Universität Bonn Tibetologie, Indologie und Vergleichende Religionswissenschaft studierte. Er verfaßte das Manuskript des Katalogs und erarbeitete das Konzept für den Teilbereich „Tibet" der geplanten Dauerausstellung „Völkerkunde" im Niedersächsischen Landesmuseum Hannover.

Für den Start der Publikationsreihe mit dem tibetischen Material hat es mehrere Gründe gegeben: Die insgesamt nur 379 Nummern umfassenden tibetischen Sammlungen bilden einen wertvollen, aussagekräftigen Komplex. Ausschlaggebend waren jedoch die Hinweise von Fachleuten auf das in Hannover befindliche tibetische Material: Durch Aufnahme in die von Hans Roth zusammengestellte Dokumentation zur tibetischen Kultur sind die hannoverschen Sammlungen in Fachkreisen bekannt geworden. In der großen Sonderausstellung „Der Weg zum Dach der Welt", die 1982/83 in München zu sehen war, befanden sich 51 Exponate aus Hannover, von denen allerdings nur 11 im Begleitbuch veröffentlicht wurden[2]. Mit dem vorliegenden Katalog soll das Material einem größeren Interessentenkreis zugänglich gemacht werden.

Die beiden ältesten Objekte tibetischer Provenienz, zwei Bronzen (s. Kat.-Nrn. 5 und 6), werden ins 17. Jahrhundert datiert. Mindestens 135 Jahre alt sind 12 Objekte, die von den Pionieren der Tibetforschung, den Gebr. Hermann und Robert v. Schlagintweit gesammelt wurden. Sie gelangten 1859, dem Jahr, in dem offensichtlich die große Verteilung der schlagintweitschen Sammlungen in Europa stattfand[3], teils als persönliche Geschenke von Hermann (1) und Robert (2) in das Museum für Kunst und Wissenschaft, teils wurden sie dem König von Hannover überlassen (9). Hermann von Schlagintweit fügte den Geschenküberweisungen ausführliche Erläuterungen bei (s. Abb. 1, 2 und Anhang I, Seite 156)[4].

[1] Anläßlich der Sonderausstellung „Ein Hannoveraner in Lima" veröffentlichte Corinna Raddatz 1985 bereits die Alt-Peru-Sammlung Gretzer, die wichtigste der in Hannover befindlichen präkolumbischen Sammlungen.

[2] s. Müller und Raunig (Hrsg.) 1982, S. 406 und das Kataloghéft

[3] s. Müller und Raunig (Hrsg.) 1982, S. 65 r.

Die beiden an Bedeutung und Umfang wichtigsten tibetischen Sammlungen in Hannover wurden allerdings erst im 20. Jahrhundert zusammengetragen. Auf die beiden Sammler Gordon T. Bowles und Ernst Schäfer sowie die Hintergründe des Sammlungserwerbs geht der Historiker Wolfgang Döpcke in Anhang I ausführlicher ein.

[4] Zu der kleinen Teilsammlung von sechs tibetischen Maskenabgüssen gehört noch eine weitere, aus Kaschmir stammende Bronzemaske, die folgende Gravur in Hermann v. Schlagintweits Handschrift aufweist: *„Schlagintweits' Collection of Ethnographical Heads 1854–1858".*

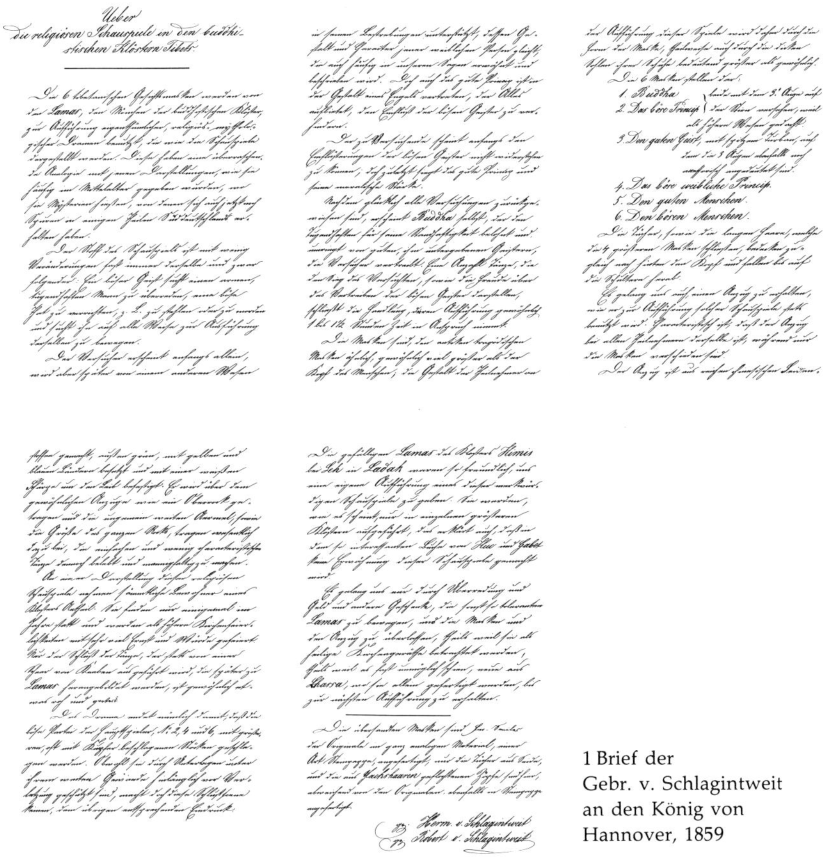
Ueber die religiösen Schauspiele in den buddhistischen Klöstern Tibets

1. Buddha
2. Das böse Princip
3. Den guten Geist
4. Das böse weibliche Princip.
5. Den guten Menschen
6. Den bösen Menschen

Herm. v. Schlagintweit
Robert v. Schlagintweit

1 Brief der Gebr. v. Schlagintweit an den König von Hannover, 1859

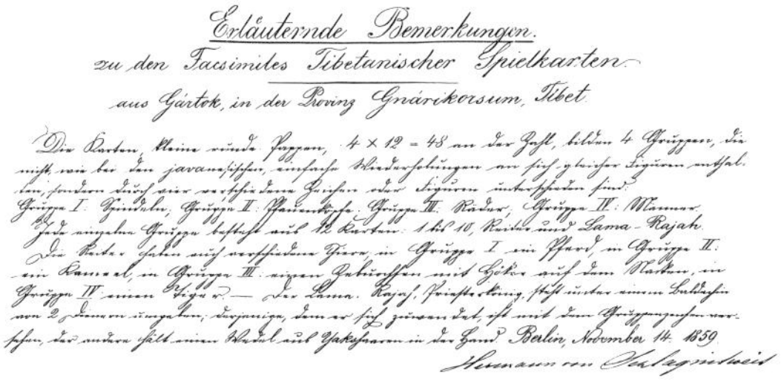
Erläuternde Bemerkungen
zu den Facsimiles Tibetanischer Spielkarten
aus Gartok, in der Provinz Gnarikorsum, Tibet

Berlin, November 14. 1859
Hermann von Schlagintweit

2 „Erlaeuternde Bemerkungen zu den Facsimiles Tibetanischer Spielkarten" von Hermann v. Schlagintweit, 1859

Die tibetische Sammlung soll auch zukünftig im Rahmen der gegebenen Möglichkeiten erweitert werden; denn: *„Zu den Aufgaben eines Völkerkundemuseums gehört nicht nur, die Kulturen von Völkern zu erforschen und deren Erzeugnisse zu sammeln, sondern auch zur Bewahrung traditionellen Kulturgutes in den Ursprungsländern beizutragen"*. Mit diesen Worten leitete Gernot Prunner eine im September 1989 eröffnete Sonderausstellung über „Meisterwerke moderner Thangka-Malerei aus Nepal" ein[5].

[5] s. Berichte und Dokumente Nr. 894, Freie und Hansestadt Hamburg Staatliche Pressestelle 1989, S. 1

Für die Tibetsammlung der Völkerkunde-Abteilung fertigte der in Hannover lebende tibetische Thangkamaler Konchok Tsering zwei Thangkas an, auf denen er nicht nur den Katalogtitel „Kult und Alltag in Tibet" illustrierte, sondern gleichzeitig eine Reihe der im Katalog abgebildeten Objekte in ihrem ursprünglichen Kontext darstellte (s. Umschlagseiten). Hierzu ist anzumerken, daß die traditionelle Thangkamalerei eine noch heute ausgeübte tibetische Kunstform ist, die nicht zuletzt von Exiltibetern lebendig gehalten wird.

Während der Drucklegung des Katalogs wurde die Vergabe des Friedensnobelpreises an den Dalai Lama bekanntgegeben. Die politische Situation in Tibet und die daraus resultierenden Probleme des tibetischen Volkes stehen einmal mehr im Zentrum des öffentlichen Interesses: Die Medien berichten ausführlich über die Hintergründe dieser Nobelpreisverleihung. Niemand vermag jedoch die Problematik besser zu beschreiben und zu erläutern als der Dalai Lama selbst, der von den Tibetern, unabhängig davon, ob im Lande selbst oder im Exil lebend, als weltlich-religiöses Oberhaupt anerkannt wird. Im Anhang II ist eine Rede abgedruckt, die er am 15. Juni 1988 vor den Mitgliedern des Europäischen Parlaments in Straßburg gehalten hat und in der alle wichtigen Punkte angesprochen werden. Der engagierte, auf eigener Anschauung vor Ort basierende Bericht der deutschen Journalistin Ludmilla Tüting ergänzt die Informationen über die aktuelle Situation auf dem sog. „Dach der Welt"[6].

[6] Die beiden Beiträge sollen einen grundsätzlichen Einblick in die Problematik bieten. Daß Einzelheiten durch die aktuelle Entwicklung überholt werden, ist unvermeidlich und muß in Kauf genommen werden.

Aus arbeitstechnischen und finanziellen Gründen konnten im Katalog nicht alle Objekte abgebildet und erläutert werden. Alex Smejkal mußte sich deshalb auf ein Drittel des Bestandes beschränken. Die graphische Gestaltung der repräsentativen Auswahl sowie des Katalogs (Layout, Illustrationen, Karten) besorgte Andreas Behrens. Die fotografischen Arbeiten lagen in den Händen von Karl-Heinz Uhe, Ursula Stamme und Burkhard Brinker. Hans-Dieter Marquordt übernahm anläßlich der wissenschaftlichen Bearbeitung eine Generalrestaurierung des gesamten tibetischen Bestandes.
Allen oben namentlich genannten Personen bin ich für Ihren Einsatz zu Dank verpflichtet.
Ein abschließender Dank gilt dem Niedersächsischen Ministerium für Wissenschaft und Kunst, das durch mehrfache Aufstockung der Sondermittel das gesamte Vorhaben von der wissenschaftlichen Bearbeitung der Sammlungen bis zur Herausgabe des Katalogs erst ermöglichte.

Hannover, November 1989
V. K.

Einführung: Tibet

Die tibetische Schrift/Transliteration

Die tibetische Schrift wurde im 7. Jhd. auf der Grundlage einer nordindischen Schrift (vermutlich der Guptaschrift) entwikkelt. Sie besteht aus den dreißig Grundbuchstaben des Alphabets sowie vier Vokalzeichen.

Für die Umschrift tibetischer Termini wird das folgende Transliterationssystem verwendet:

ཀ་ ka	ཁ་ kha	ག་ ga	ང་ ṅa
ཅ་ ca	ཆ་ cha	ཇ་ ja	ཉ་ ña
ཏ་ ta	ཐ་ tha	ད་ da	ན་ na
པ་ pa	ཕ་ pha	བ་ ba	མ་ ma
ཙ་ tsa	ཚ་ tsha	ཛ་ dza	ཝ་ wa
ཞ་ źa	ཟ་ za	འ་ 'a	ཡ་ ya
ར་ ra	ལ་ la	ཤ་ śa	ས་ sa
ཧ་ ha	ཨ་ a		

Der Buchstabe a mit den vier Vokalzeichen:

ཨི་	ཨུ་	ཨེ་	ཨོ་
i	u	e	o

Aus Zeit- und Platzgründen kann hier keine Einführung in die tibetische Phonetik gegeben werden. Die annähernd genaue sprachliche Wiedergabe der tibetischen Grundbuchstaben ist der folgenden Aussprachehilfe zu entnehmen:

k wie c in ital.: cassa
ṅ wie ng in dt.: Menge
c wie c in ital.: Cello
ñ wie gn in frz.: Boulogne
t una aspiriert wie t in ital.: Tagliatelle
n wie deutsches n
p wie p in ital.: papa
m wie deutsches m
ts wie tz in dt.: Fritz
w wie w in dt.: Wand
ź ähnlich dem ch in dt.: ich
z wie ss in dt.: Klasse
' tieftoniges a mit gehauchtem Stimmeinsatz
y wie j in dt.: ja
r annähernd wie r in dt.: Dorsch
l annähernd wie deutsches l
ś wie sch in dt.: Tasche
s wie deutsches s
h wie deutsches h

kh, ch, th, ph und tsh unterscheiden sich von k, c, p und ts nur durch deutlich stärkere Behauchung (Aspiration). Beispiel: th wie tth in dt.: statthaft.

g, j, d, b und dz unterscheiden sich von k, c, t, b und ts nur durch tieftonigere Aussprache des nachfolgenden Vokals, die eine etwas weichere Aussprache des betreffenden Konsonanten bewirkt.

Transliterierte tibetische Termini sind im folgenden durch Kursivschreibung gekennzeichnet. Daneben wurde für die Wiedergabe tibetischer Begriffe, insbesondere der allgemein geläufigen, auch die der deutschen Aussprache annähernd entsprechenden phonetischen Formen verwendet, also beispielsweise „Lama" anstelle von tib.: *bla ma* oder „Yak" anstelle von: *g.yag*.

Die geographische Lage Tibets

Das geographische Gebiet des historischen Tibet erstreckt sich mit einer Gesamtfläche von über 2 Mio. km² etwa vom 79. zum 102. Grad östlicher Länge und vom 28. bis zum 39. Grad nördlicher Breite. Mit einer durchschnittlichen Höhe von 4000 m über dem Meeresspiegel ist die tibetische Hochebene das höchstgelegene Plateau der Erde. Die Gebirgsmauern des

Tibet Karte 1

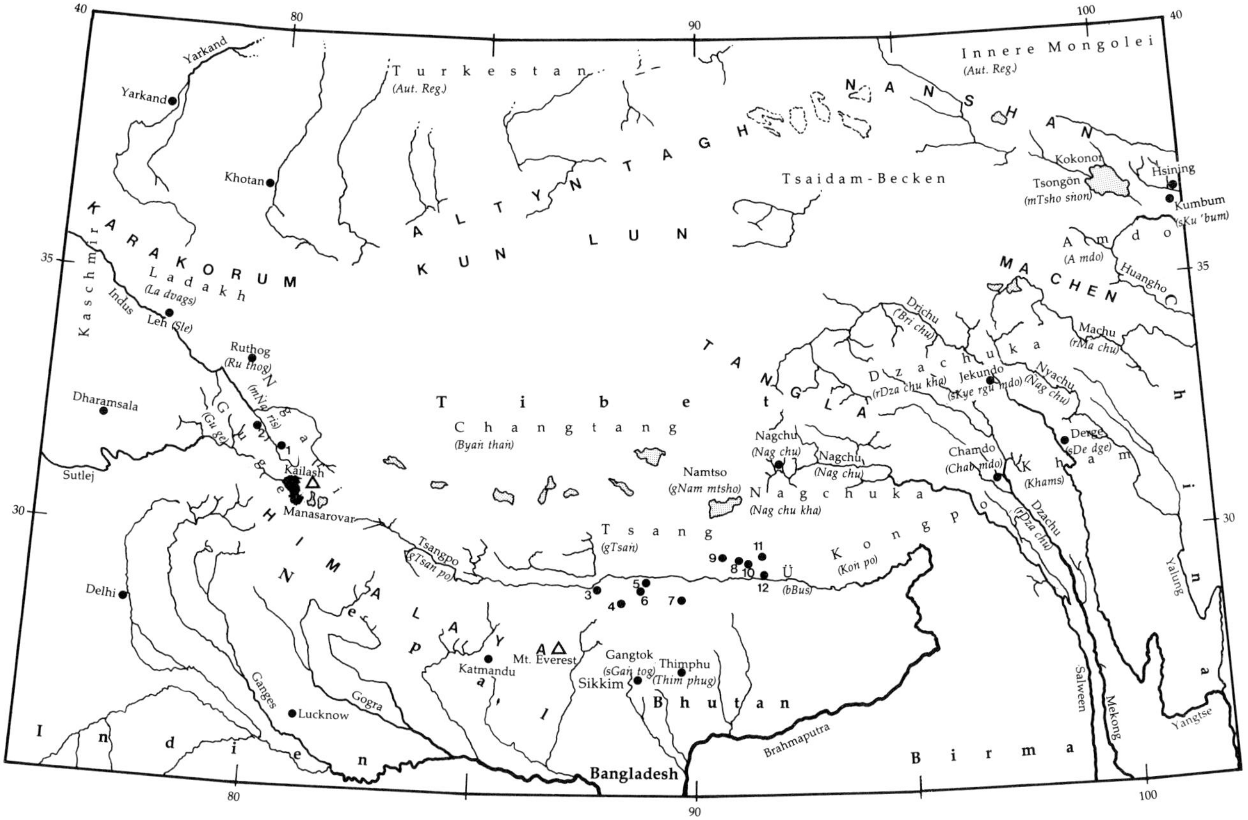

1	2	3	4	5	6	7	8	9	10	11	12
Garthog	Gardzong	Lhatse	Sakya	Shigatse	Tashilhünpo	Gyantse	Drepung	Tshurphu	Lhasa	Ganden	Samye
(sGar thog)	*(sGar rdzoṅ)*	*(lHa rtse)*	*(Sa skya)*	*(gŹis ka rtse)*	*(bKra śis lhun po)*	*(rGyal rtse)*	*('Bras spuṅs)*	*(mTshur phu)*	*(lHa sa)*	*(dGa' ldan)*	*(bSam yas)*

3 Tal des Brahmaputra in Zentraltibet

4 Lhasa (1986)

Distrikthauptstädte (Sitze der Verwaltung):

	tib.:	chin.:
1 Lhasa	*lHa sa*	Lhasa
2 Shigatse	*gŹis ka rtse*	Xigazê
3 Nedong, Zêtang	*sNe gdoṅ*, –	Nêdong, Zêtang
4 Chamdo	*Chab mdo*	Qamdo
5 Nagchu	*Nag chu*	Nagqu
6 Gar, Shiquanhe	sGar, –	Gar, Shiquanhe

Himālaya und der Karakorum-Gebirgskette sind die natürlichen Grenzen Tibets im Süden und Westen. Im Norden begrenzen die Gebirgssysteme Altyn Tagh und Kun-lun das fast unbewohnte, kontinentale und aride Zentralplateau Changtang (tib.: byaṅ thaṅ). Südlich des Nanshan-Gebirges, im Gebiet des 5000 km² großen Kukunor-Sees (tib.: *mtsho sṅon*), verläuft die nordöstliche Grenze des historischen Tibet (Provinz *A mdo*). Im zerklüfteten osttibetisch-chinesischen Gebirgsland liegen die Quellgebiete des Yangzi (tib.: *'bri chu*), des Mekong (tib.: *rdsa chu*) und des Salween (tib.: *nag chu, dṅul chu*), deren Flußläufe das regenreiche und fruchtbare Gebiet der Ostprovinz *Khams* durchziehen. Südlich des Changtang-Plateaus erstreckt sich der dauernd besiedelte Streifen des Brahmaputra-Tals mit den wichtigsten Städten der Zentralprovinzen *dBus* und *gTsaṅ*: Lhasa (tib.: *lha sa*), Shigatse (tib.: *gźis ka rtse*) und Gyantse (tib.: *rgyal rtse*). Der Brahmaputra (tib.: *gtsaṅ po*) entspringt, ebenso wie die Flüsse Indus und Ganges (tib.: *skal ldan śiṅ rta*), in der Umgebung des Berges Kailash (tib.: *ti se*) und des Manasarovar-Sees (tib.: *ma pham g.yu gi mtsho*) im Süden der westtibetischen Provinz *mNa' ris*.

Das heutige politische Tibet

Knapp ein halbes Jahr nach Ausrufung der Volksrepublik China am 1. 10. 1949 marschierten Truppen der chinesischen „Volksbefreiungsarmee" gewaltsam und völkerrechtswidrig in Tibet ein. Spätestens seit 1959 stellt Tibet politisch einen Teil der Volksrepublik China dar. Am 1. September 1965 wurden die Gebiete der tibetischen Zentralprovinz *dBus-gTsaṅ* sowie ein Teil der Ostprovinz *Khams* zu einer „Autonomen Region" Chinas erklärt, die später in fünf „Sonderdistrikte" (zhuanqu) und den Stadtbezirk von Lhasa aufgeteilt wurde (s. Karte 2). Diese Distrikte unterteilte man weiterhin in siebzig Kreise (xian), diese wiederum in Volkskommunen. Die Regionen der ehemaligen Provinzen *A mdo* und große Teile von *Khams* wurden von der sog. „Autonomen Region" administrativ abgetrennt und in fünf regional verwaltete Einheiten zerlegt (Karte 3).

Die „Autonome Region Tibet" (Xizang) Karte 2

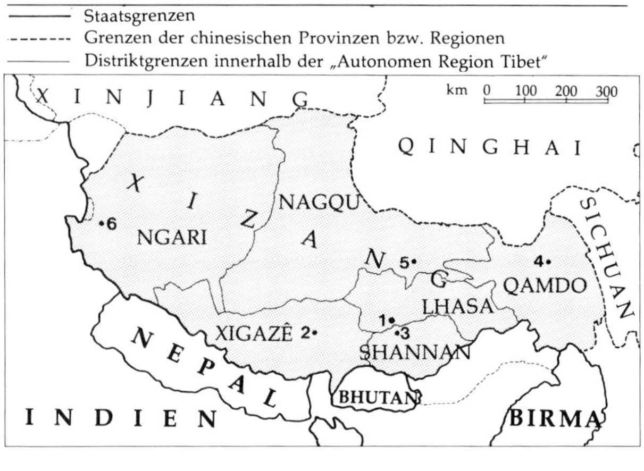

Die Aufteilung Tibets unter chinesischer Verwaltung Karte 3

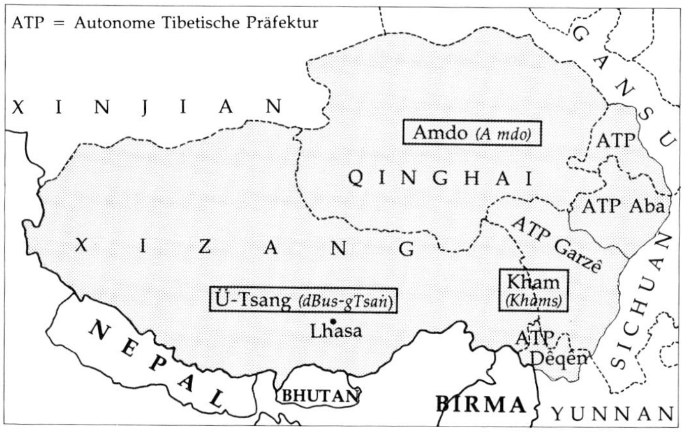

Die Geschichte Tibets

Eine chronologische Übersicht

Tibet Historische Entwicklung Karte 4

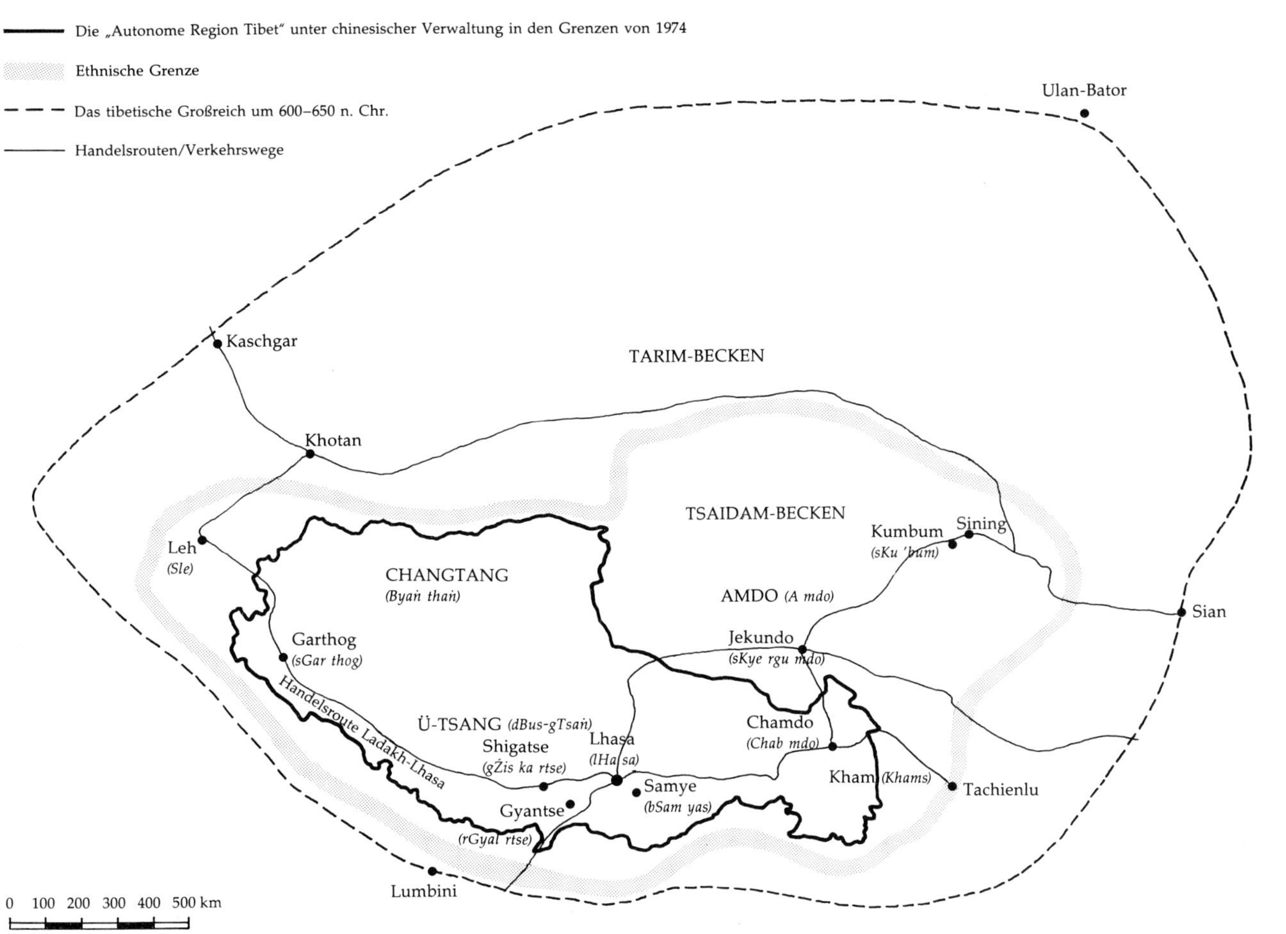

Nach: Karan, Pradyumna P.: The Changing Face of Tibet
(Lexington: The University Press of Kentucky, 1976)

Vorgeschichte

Über die Vorgeschichte der Tibeter und die politischen und ökonomischen Bedingungen, die zur Herausbildung der tibetischen Nation beitrugen, ist nur sehr wenig bekannt. Aus der Zeit vor der Entwicklung der tibetischen Schrift (7. Jhd.) liegen als tibetischsprachige historiographische Quellen – zunächst nur mündlich tradierte – Entstehungsmythen und Genealogien legendärer Herrscherhäuser vor, die jedoch kaum faktengeschichtlich relevante Informationen enthalten. In den chinesischen Chroniken der *Tang*-Dynastie (628–907) werden die Vorfahren der Tibeter den an der Nordwestgrenze Chinas nomadisierenden *Qiang*-Stämmen (*Supi, Dang xiang*) zugeordnet. Einige dieser Stämme drangen wahrscheinlich noch vor der Zeitwende aus der Umgebung des Kukonor-Sees kommend, entlang des fruchtbaren Flußtals des *gTsaṅ po* (Brahmaputra) nach Zentraltibet vor, wo sie zu einer halbansässigen Lebensweise übergingen. Die ersten Kleinkönigreiche auf zentraltibetischem Gebiet entstanden vermutlich im Zeitraum zwischen dem 3. und 6. Jhd. n. Chr.

5 Statue des Königs *Sroṅ btsan sgam po* (*Jo khaṅ*-Tempel/Lhasa)

Das Tibetische Großreich

Um 600 n. Chr.
Einigung der tibetischen Stämme und Gründung des tibetischen Reiches. König *gNam ri sroṅ btsan* dringt bei seinen Eroberungsfeldzügen bis nach Turfan und Baktrien vor.

Ca. 620–649
Regierungszeit des Königs *Sroṅ btsan sgam po* alias *Khri lde sroṅ btsan*. Er unterwirft die an der westlichen und nordwestlichen Grenze Chinas ansässigen *Qiang*-Stämme und erobert im Gebiet des Kokonor-Sees das Königreich der *A źa* (chin.: *Tu yu hun*). Bündnisse mit den unabhängigen Fürstentümern *Zaṅ źung* in Westtibet und *Mi ñag* in Osttibet. Im Jahre 632 vermählt sich *Sroṅ bstan sgam po* mit der nepalesischen Prinzessin *Bhṛkutīdevī*; 641 heiratet er die chinesische Infantin *Wen cheng*, deren Vater *T'ai tsung* (626–649), der zweite Kaiser der *Tang*-Dynastie, nach anfänglicher Weigerung erst in Folge einer militärischen Machtdemonstration Tibets an der westchinesischen Grenze der Vermählung seiner Tochter zustimmt.
Kulturelle Entwicklungen:
Schöpfung des tibetischen Alphabets auf der Basis einer indischen Guptaschrift durch den Minister *Thon mi Sam bho ṭa*. Erste Förderung des Buddhismus durch die nepalesische und chinesische Gemahlin des Herrschers.

649–676
Maṅ sroṅ maṅ brtsan, der Enkel des *Sroṅ btsan sgam po*, ist lediglich nomineller König des tibetischen Reiches; die tatsächliche Regierungsgewalt liegt bis zum Jahre 667 in den Händen des Großministers *mGar stoṅ btsan*.

662–665
Tibetische Armeen vernichten den Staat der *Tu yu hun*. Invasion in das chinesische Protektorat im Tarimbecken. Das tibetische Heer dringt bis nach

Kaschgar und Khotan vor. Eine chinesische Befreiungsarmee wird bei *Zi ma khol* (im *Ta fei*-Tal) geschlagen.

670–676
Besetzung Ostturkestans durch das tibetische Heer. Freundschaftliche Beziehungen zu den westlichen Turkvölkern (tib.: *dru gu*).

676–704
König *Kri 'du sroṅ brtsan.*
Vorläufiger Verlust der Herrschaft über Ostturkestan.

704–755
König *Mes 'ag tshoms.*

710
Der Herrscher heiratet die chinesische Prinzessin *Jin ch'eng*. Die „Verschwägerungspolitik" mit China ist jedoch nicht lange erfolgreich: China versucht vergeblich einen Keil zwischen Tibet und die aufstrebende Macht der Araber zu treiben und das tibetische Heer im Westen davon abzuhalten, die strategisch wichtige Umgebung Gilgits (tib.: *bru źa*) einzunehmen.

740
Unterwerfung von Gilgit.

751
Der Sieg der Araber und ihrer Verbündeten, der *Qarluk*-Türken, über die chinesische Armee in der Nähe des Talas-Flusses ermöglicht der tibetischen Armee den Einmarsch auf chinesisches Gebiet. Weite Teile des heutigen *Yunnan* geraten unter tibetische Kontrolle.

755–797
König *Khri sroṅ lde brtsan.*
Tibet unternimmt Kriegszüge gegen China. Im Süden werden die Könige von Bihar und Bengalen zu Vasallen Tibets.

Kulturelle Entwicklungen: Auf Geheiß des Herrschers werden die buddhistischen Gelehrten *Śāntarakṣita* und *Kamalaśīla* sowie der Mystiker *Padmasambhava* aus Indien eingeladen. Beginn der „Ersten Verbreitung" (tib.: *sṅa dar*) des Buddhismus. Die von den Anhängern des *Padmasambhava* begründete Schulrichtung des tibetischen Buddhismus wird a posteriori als *rÑiṅ ma pa*-Schule bezeichnet.

763
Das tibetische Heer dringt weit auf chinesisches Gebiet vor und besetzt für kurze Zeit *Changan*, die Hauptstadt des *Tang*-Reichs. Das Gebiet der heutigen Provinz *Kansu* sowie Teile von *Sichuan* werden erobert.

775
Gründung von *bSam yas*, des ersten buddhistischen Klosters auf tibetischem Boden.

779
Der Buddhismus wird zur Staatsreligion erhoben.

6 Stele beim Kloster *bSam* yas mit der Inschrift des königlichen Edikts von 779 n. Chr. (Proklamation der Erhebung des Buddhismus zur Staatsreligion)

783
Tibetisch-chinesischer Vertrag: China erkennt Tibets Anspruch auf die eroberten Gebiete einschließlich des Tarimbeckens an.

789
Aufkündigung der tibetisch-arabischen Allianz durch *Harūn ar Rashid,* der sich mit China verbündet.

790
Wiedererlangung der Oberhoheit über Ostturkestan.

Ca. 792–794
Debatte von b*Sam yas:* Die Anhänger des chinesischen *Ch'an*-Buddhismus unterliegen in einem vom Herrscher angeordneten Streitgespräch den Vertretern des indischen Buddhismus und werden des Landes verwiesen.

797–799
König *Mu ne btsan po* wird nach nur anderthalbjähriger Regierungszeit von seiner Mutter vergiftet. Die Königsmutter inthronisiert ihren jüngsten Sohn *Sad na legs.*

799–815
Während der Regierungszeit des *Sad na legs* gewinnen die Anhänger des Buddhismus zunehmend politischen Einfluß.

817–836
Herrschaft des Königs *Khri gtsug lde brtsan Ral pa can.* Tibet ist an verschiedenen Fronten in militärische Auseinandersetzungen mit den Chinesen, Arabern und Uiguren verwickelt.

822
Vertrag zwischen China und Tibet: Anerkennung der tibetischen Oberhoheit über Ostturkestan und die eroberten Gebiete der heutigen Provinzen *Gansu* und *Sichuan.*

836
Die Bevorzugung buddhistischer Kleriker führt zu Spannungen in der tibetischen Aristokratie, die in der Ermordung des Herrschers durch revoltierende Anhänger der autochthonen *Bon*-Religion gipfeln.

838–842
Herrschaft des von den *Bon*-Anhängern unterstützten Königs *gLaṅ dar ma.* Unterdrückung des Buddhismus.

842
Ermordung des Herrschers durch den buddhistischen Mönch *dPal gyi rdo rje.*

Verfall des Großreichs; „Zweite Verbreitung" des Buddhismus

Auf den Tod des *gLang dar ma* folgt eine Periode feudaler Anarchie, die zum Autoritätsverlust der Könige führt. Es kommt zur Zersplitterung des Reiches in einzelne Fürstentümer und zur Gründung neuer Kleinstaaten in Westtibet (*Gu ge* und *La dvags*). Außenpolitisch muß Tibet den Verlust eines Großteils der eroberten Gebiete hinnehmen. Von Westtibet ausgehend, beginnt mit der „Zweiten" oder „Späteren Verbreitung" (tib.: *phyi dar*) die Renaissance des Buddhismus.

Ca. 850–900
Der letzte Großminister *dBas Koṅ bžer* fällt 866 n. Chr. in einer Schlacht an der chinesischen Grenze. Tibet verliert die Oberhoheit über das Tarimbecken und die meisten der in China eroberten Gebiete. Ostturkestan wird von den Uiguren und *Qarluk*-Türken eingenommen.

970
Der westtibetische König *Ye śes 'od* sendet eine Delegation junger Männer zum Studium des Buddhismus nach Kaschmir. Unter diesen befindet sich auch *Rin chen bzaṅ po,* der nach seiner Rückkehr zahlreiche indische Lehrschriften ins Tibetische übersetzt.

Ab ca. 978
Gründung von Klöstern in Westtibet.

1012–1096
Mar pa Lho brag pa, Stammvater der *bKa' brgyud pa*-Schule des tibetischen Buddhismus, unternimmt zum Studium des Buddhismus drei Reisen nach Indien und Nepal. Nach seiner Rückkehr übersetzt er die erlangten Lehren und verbreitet sie im engsten Schülerkreis. Sein bedeutendster Schüler ist der „baumwollgekleidete" Yogi *Mi la ras pa* (1040–1123).

1042
Einladung des indischen buddhistischen Gelehrten *Atiśa* (982–1054) durch die Könige von *Gu ge.*

1042–1045
Rege Missionstätigkeit des *Atiśa* in West- und Zentraltibet.

1057
Gründung des Klosters *Rva sgreṅs,* Zentrum der *bKa' gdams pa*-Schule, durch *'Brom ston* (1005–1064), Schüler des *Atiśa.*

1073
Gründung von *Sa skya,* des Stammklosters der etwa ab dem 12. Jhd. eigenständigen *Sa kya pa*-Schule durch *'Khon dKon mchog rgyal po.*

1189
Gründung von *Tshur phu,* des Zentrums der *Karma kam tshaṅ*-Richtung der *bKa' brgyud pa*-Schule.

7 *Sa skya* (Eingang zum südlichen Klosterkomplex)

Tibet und die Mongolen

Ca. 1207
Drohende Invasion Tibets durch die unter der Führung *Činggis Khans* (mong.) aufstrebende mongolische Militärmacht. Eine tibetische Delegation führen-

der Aristokraten und Kleriker unterwirft sich dem Mongolenführer.

1240
Einmarsch mongolischer Truppen infolge ausbleibender tibetischer Tributzahlungen.

1249
Erfolgreiche Verhandlungen des Großabts *Sa skya Paṇḍita Kun dga' rgyal mtshan* (1182–1251) mit dem Mongolenprinzen *Godan:* Vereinbarung von Tributzahlungen und Anerkennung der mongolischen Oberhoheit. *Sa skya Paṇḍita* wird zum Vizeregenten über Tibet ernannt.

1260
Ein Neffe des *Sa skya Paṇḍita,* der Großabt *'Phags pa Blo gros* (1235–1280), wird vom mongolischen Großkhan *Qubilai* (mong.) (1260–1294), der im Jahre 1279 die Eroberung Chinas zum Abschluß bringen und zum Begründer der *Yuan*-Dynastie werden sollte, zum weltlichen Vizeregenten über Tibet ernannt. Er erhält den Titel „Kaiserlicher Lehrer" (chin.: *dishi*).

Ca. 1290–1368
Streitigkeiten zwischen den Anhängern der *Sa skya*- und *bKa' brgyud*-Schulen um die geistliche und weltliche Vorherrschaft. Der Adlige *Byaṅ chub rgyal mtshan* (1302–1372) aus dem Clan der *rLaṅs,* ein Anhänger der *Phag mo gru pa* – Schulrichtung der *bKa' brgyud pa,* erringt im Jahre 1350 die Regentschaft über die Provinzen *dBus* und *gTsaṅ.* Ende der *Sa skya*-Herrschaft und der Oberhoheit der *Yuan*-Kaiser.

1357–1419
Tsoṅ kha pa Blo bzaṅ grags pa, Begründer der reformierten *dGe lugs pa*-Schule des tibetischen Buddhismus. Gründung der drei Stammklöster *dGa' ldan* (1409), *'Bras spuṅs* (1416) und *Se ra* (1419).

Vorherrschaft der *dGe lugs pa* und Oberherrschaft der Mandschu

1391–1475
dGe 'dun grub pa, ein Neffe des *Tsoṅ kha pa* übernimmt nach dessen Tod die Führung der *dGe lugs pa.* Er steht an erster Stelle der Inkarnationsreihe der *rGyal da Rin po ches,* die a posteriori als „Dalai Lamas" bezeichnet werden. Im Jahre 1447 gründet er das Kloster *bKra śis lhun po,* das im 17. Jhd. zum Stammsitz der Panchen Lamas wird.

1475–1542
dGe 'dun rgya mtsho, der zweite *rGyal ba Rin po che.*

Ab ca. 1500
Zunehmender Machtverlust der *Phag mo gru pa.* Konflikte zwischen den Fürstenhäusern. Machtzuwachs der Könige von *gTsaṅ.*

1543–1588
bSod nam rgya mtsho, der dritte *rGyal ba Rin po che.* Im Jahre 1577 reist er auf der Suche nach starken Verbündeten in die Südmongolei und trifft dort *Altan*

Khan (mong.) (1507–1582), der ihm den Titel „Dalai Lama" („Ozean-Lama") verleiht.

1587
Gründung einer Allianz zwischen den *Karma bKa' brgyud*-Hierarchen und dem Herrscherhaus von *gTsaṅ*.

Ca. 1610–1635
Invasion der Zentralprovinz *dBus* durch die *gTsaṅ*-Truppen und Angriffe auf die *dGe lugs*-Klöster *'Bras spuṅs* und *Se ra*. Der vierte Dalai Lama *Yon tan rgya mtsho* (1589–1617), Neffe des *Altan Khan* (mong.), flieht.

1621 und 1635
Mongolische Armeen dringen nach Tibet ein und besiegen die *gTsaṅ*-Truppen.

1636–1642
Der *Qoshot*-Mongolenfürst *Gušri Khan* (mong.) rückt, vom Kokonorgebiet kommend, in Tibet ein, schlägt in drei Feldzügen die Truppen von *gTsaṅ* und stürzt deren Oberbefehlshaber und König. Als Landesoberhaupt setzt er den fünften Dalai Lama *Nag dbaṅ blo bzaṅ rgya mtsho* (1617–1682) ein. Er selbst bleibt lediglich Titularkönig Tibets.

1651–1653
Der „Große Fünfte" wird anläßlich seines Besuchs in Peking durch die neue Mandschu-Dynastie der *Qing* als geistlicher und weltlicher Herrscher über Tibet bestätigt.

1697
Inthronisation des sechsten Dalai Lama *Tshaṅs byaṅs rgya mtsho* (1683–1706).

1705–1706
Da der Tod des fünften Dalai Lama durch den Regenten *Saṅs ryas rya mtsho* jahrelang geheimgehalten worden war und die neue Inkarnation umstritten ist, rückt – mit Billigung des *Qing*-Kaisers *Kangxi* (1661–1722) – der Mongolenfürst *Lha bzaṅ* in Tibet ein, tötet den Regenten und setzt den sechsten Dalai Lama ab. *Lha bzaṅ* setzt nach dem Tode des Dalai Lama einen Nachfolger ein, der von den Tibetern nicht anerkannt wird. Der tibetische Kandidat *bsKal bzaṅ rgya mtsho* (1708–1757) wird in das Kloster *sKu 'bum* gebracht und dort erzogen.

8 Darstellung des „Großen 5. Dalai Lama" (Fresko im Kloster *bSam yas*)

1717
Einfall der Dsungaren in Tibet: Ermordung *Lha bzaṅs* und Plünderung der Hauptstadt *lHa sa*.

1720–1747
Vertreibung der marodierenden Dsungaren durch chinesische Truppen der Mandschu-Dynastie und den Adligen *Pho lha nas bSod nams stobs rgyas* (1689–1747). Absetzung des von *Lha bzaṅ* unrechtmäßig eingesetzten Dalai Lama und Anerkennung von *bsKal bzaṅ rgya mtsho*. *Pho lha nas* wird zum

Regenten über Tibet ernannt. Erste Anerkennung der Mandschu-Oberhoheit. Reorganisation des Staatsapparates und Einrichtung einer chinesischen Garnison sowie Berufung zweier Repräsentanten des Mandschu-Kaisers (Ambane). Starke Einschränkung der weltlichen Macht des Dalai Lama.

1750
Ermordung des *'Gyur med rdo rje,* Sohn des *Pho lha nas* und dessen Nachfolger, durch die chinesischen Ambane, die ihn der Konspiration mit den Dsungaren verdächtigen. Eine aufgebrachte tibetische Volksmenge ermordet daraufhin die beiden Ambane.

1751
Reorganisation der Regierung unter chinesischer Aufsicht: Abschaffung des säkularen Erbkönigtums und Wiedereinsetzung des Dalai Lama als Herrscher. Einrichtung eines Ministerrates (tib.: *bka' śag*) als Zentrum der zivilen Verwaltung.

1758–1804
'Jam dpal rgya mtsho, der achte Dalai Lama ist nomineller Herrscher Tibets. Die tatsächliche Regierungsgewalt übt jedoch bis zum Jahre 1777 der Mönchsregent *De mo* mit chinesischer Unterstützung aus. Großen politischen Einfluß genießt auch der dritte Panchen Lama (tib.: *paṇ chen bla ma*) *dPal ldan ye śes* (1737–1780).

9 Shigatse mit dem Klosterkomplex von Tashilhünpo
(bKra śis lhun po)

1788–1792
Invasion Tibets durch die Armee des aufstrebenden nepalesischen Gurkha-Staats. Plünderung von *bKra śis lhun po,* Stammkloster des Panchen Lama. Der Mandschu-Kaiser *Qian long* (1735–1796) sendet Truppen zur Unterstützung der tibetischen Armee aus. Im Verlauf mehrerer Schlachten gelingt es ihnen, die Gurkhas bis nach Kathmandu zurückzutreiben.

1806–1837
Der neunte Dalai Lama *Luṅ rtogs rgya mtsho* (1806–1815) und sein Nachfolger *Tshul khrims grya mtsho* (1816–1837) sterben – ehe sie ihre Volljährigkeit erlangen – vermutlich infolge Vergiftung durch den Regenten.

1835–1842
Einfall der Dogras in *La dvags* (Westtibet) unter Führung des Königs *Gulab Singh.* Der General *Zorawar Singh* dringt in Richtung Zentraltibet vor, wird jedoch 1841 von tibetischen Truppen geschlagen.

1854–1856
Grenzkonflikte mit Nepal und erneuter Einfall der Gurkhas führen zu einem Vertrag, in dem die Einrichtung einer nepalesischen Niederlassung in *lHa sa* vereinbart wird.

1856–1875
'Phrin las rgya mtsho, der zwölfte Dalai Lama.
Die zunehmend schwächer werdende Kontrolle der Mandschus führt zu Machtkämpfen und Unruhen in verschiedenen Landesteilen. Der junge Dalai Lama fällt vermutlich einem Mordanschlag zum Opfer.

Der 13. Dalai Lama: Wiedererlangung der Regierungsgewalt und De-facto-Unabhängigkeit Tibets

1879 (31. Juli)
Inthronisation des 13. Dalai Lama *Thub bstan rgya mtsho* (1876–1933).

Ca. 1880–1900
Rußland und Britisch-Indien versuchen zunehmend, politischen Einfluß in Tibet zu gewinnen.

1903–1904
Als der britische Versuch, handelspolitische Beziehungen zu Tibet herzustellen, unbeantwortet bleibt, entsendet Britisch-Indien eine Militärexpedition unter Leitung von Sir Francis Youngusband. Das tibetische Heer kann deren Vormarsch auf *lHa sa* nicht aufhalten. Der Dalai Lama flieht in die Mongolei. Im Jahre 1904 unterzeichnet der Abt von *dGa' 'dan* ohne Zustimmung Chinas den Tibetisch-Britischen Handelsvertrag.

1900
Rückkehr des Dalai-Lama nach Tibet.

1910
Invasion Tibets durch chinesische Truppen unter der Führung des Generals *Chong yin.* Der Dalai Lama flieht ins britisch-indische Exil, wo er bis Juni 1912 bleibt.

1911
Revolution in China. Ende der Mandschuherrschaft.

1913 (Januar)
Rückkehr des Dalai Lama nach *lHa sa:* Übernahme der tatsächlichen Herrschaft und De-facto-Unabhängigkeit Tibets.

1913 (11. Januar)
Unterzeichnung des Mongolisch-tibetischen Vertrags, in dem sich beide Staaten ihrer jeweiligen nationalen Unabhängigkeit versichern.

10 Der Potala – die Residenz der Dalai Lamas – bei Lhasa

1913 (6. Okt.)–1914 (Juli)
Repräsentanten Tibets, Chinas und Großbritanniens konferieren im nordindischen Simla über die politische Zukunft Tibets: Tibet besteht kompromißlos auf seiner Unabhängigkeit. Die chinesische Seite, die sich durch die Teilnahme an den Verhandlungen diplomatische Anerkennung erhofft, weigert sich, die Unabhängigkeit Tibets anzuerkennen und stimmt dem vom britischen Repräsentanten Arthur Henry Mc Mahon vorgeschlagenen Grenzverlauf, der sog. „Mc Mahon-Linie", nicht zu. Da der Vertragsentwurf, die sog. „Konvention von Simla", in der die Autonomie Tibets unter chinesischer Oberherrschaft vorgesehen ist, von China nicht unterzeichnet wird, kennen Großbritannien und Tibet den Herrschaftsanspruch Chinas nicht an.

1933 (17. Dez.)
Tod des 13. Dalai Lama.

1934
Ernennung des *Rva sgreṅ rin po che 'Jam dPal ye śes* zum Regenten. Er wird später der Konspiration bezichtigt und verurteilt. Am 8. Mai 1947 stirbt er im Gefängnis.

1935 (6. Juli)
Geburt des 14. Dalai Lama *bsTan 'dzin rgya mtsho* (Tenzin Gyatso).

1940
Inthronisation des Dalai Lama.

1941
sTag brag Rin po che wird neuer Regent.

1949
Ausweisung der Kuomintang-Vertretung aus *lHa sa* durch die tibetische Regierung.

11/12 Durch chinesische Truppen zerstörte buddhistische Kultobjekte

Tibet unter rotchinesischer Herrschaft

1950
Nach der Ausrufung der Volksrepublik im Jahre 1949 erhebt die neue chinesische Führung Anspruch auf Tibet und verkündet ein „Befreiungsprogramm". Am 9. September marschieren rotchinesische Truppen in *lHa sa* ein. Tibets Versuch, Beistand und militärische Hilfe von Indien zu erlangen, bleibt erfolglos, ebenso ein Protest bei den Vereinten Nationen (Resolution der Vollversammlung vom 24. November 1950). Einmarsch der chinesischen Armee in Osttibet. Flucht des Dalai Lama nach Yatung, nahe der Grenze zu Sikkim.

1951 (23. Mai)
Tibet wird genötigt, ein 17 Punkte umfassendes Abkommen mit China zu unterzeichnen, das u. a. die nationale und regionale Autonomie Tibets unter Führung der Zentralen Volksregierung Chinas vorsieht.

1952
Rückkehr des Dalai Lama. Unter dem Widerstand der tibetischen Bevölkerung, beginnt China mit Agrarreformen zu experimentieren.

1954 (29. April)
Chinesisch-indischer Vertrag: Indien gibt alle von der britischen Kolonialmacht übernommenen Rechte und Pflichten in bezug auf Tibet ab und erkennt damit Tibet als Bestandteil Chinas an.

Ab 1955
Zunehmender Widerstand der tibetischen Bevölkerung gegen die chinesische Kolonisierungspolitik. Revolten und Guerillakämpfe in Osttibet.

1956 (Nov.)
Reise des Dalai Lama nach Indien: Treffen mit dem indischen Premierminister J. Nehru und dem chinesischen Ministerpräsidenten und Außenminister Zhou Enlai. Mit der Zusicherung Zhou Enlais, sich für eine friedliche Ver-

wirklichung der chinesischen Tibetpolitik einzusetzen, kehrt der Dalai Lama Anfang 1957 in sein Heimatland zurück.

1959
Die anwachsende Unterdrückung Tibets und die zunehmende Brutalisierung der chinesischen Armee führen am 10. März zum Aufstand der tibetischen Bevölkerung. Flucht des Dalai Lama nach Indien, wo er in Dharamsala sein Exil findet. China erklärt die tibetische Regierung für aufgelöst.

Seit 1959
Anhaltender Flüchtlingsstrom: Rund 100 000 Tibeter fliehen ins indische Exil. China betreibt in Tibet eine systematische und zerstörerische Kolonisierungs- und Unterdrückungspolitik.

1963
Verkündung einer demokratischen Verfassung durch die Exilregierung des Dalai Lama.

1965 (1. Sept.)
Inauguration der sog. „Autonomen Region Tibet“ und Reorganisation der Verwaltungseinheiten durch die chinesische Zentralregierung.

1988 (Dez.) und
1989 (März)
Blutige Niederschlagung von tibetischen Demonstrationen durch chinesische Polizei- und Armee-Einheiten mit anschließenden Massenverhaftungen. Verhängung des Kriegsrechts.

Katalog

Verehrungsobjekte und Kultgerät

Das weitgefächerte Spektrum jener kultischen Gegenstände, deren Bedeutung im Zeremonialwesen und der religiösen Praxis des tibetischen Buddhismus die Verwendung des Begriffs „Verehrungsobjekte" gerechtfertigt erscheinen läßt, wird in der Terminologie der tibetischsprachigen buddhistischen Literatur unter dem Begriff *rTen* „Behältnis" oder „Stütze" subsummiert. Diesen Bezeichnungen liegt die Vorstellung zugrunde, daß ein durch besondere Einsegnungsriten (tib.: *rab gnas*) geweihtes Kultobjekt zum Träger der „Segenskraft" (tib.: *byin rlabs*) des Buddha oder einer hochrangigen buddhistischen Gottheit wird und somit einerseits das objektive „materielle Behältnis" für die Gegenwart des Numinosen, andererseits die subjektive „geistige Stütze" des Gläubigen für den Verehrungsakt, die Durchführung ritueller Handlungen oder die meditativ-bildhafte Vergegenwärtigung darstellt.

Die „Drei Behältnisse" (tib.: *rten gsum*)

Basierend auf der bereits in der Literatur des frühen indischen *Vajrayāna*-Buddhismus (ca. 4.–5. Jh.) belegten Auffassung, nach der die Segens- und Wirkkraft des Buddha oder eines ihm gleichrangigen Wesens in den drei Ebenen des „Körpers" (tib.: *sku*), der „Rede" (tib.: *gsuṅ*) und des „Geistes" (tib.: *thugs*) zum Ausdruck kommt, werden in der tibetischen Ritualliteratur drei Kategorien von „Behältnissen" oder „Stützen" unterschieden:

1. Behältnisse des Körpers (tib.: *sku rten*):

Hierzu zählen alle figürlichen Darstellungen von Buddhas, Gottheiten und Heiligen im Bereich der Bildenden Künste, Plastik und Malerei, insbesondere der Rollbild(tib.: *thaṅ ka*)-Malerei. Die Ausführung der Farb- und Formgebung unterliegt den bereits etwa im 7.–9. Jh. in indischen Quellen (*Samvarodayatantra, Kālacakratantra, Daśatalanyagrodhaparimaṇḍalabuddhapratimālakṣaṇa*) genauestens kodifizierten ikonographischen Vorschriften und einem ikonometrischen Proportionssystem, dessen Berechnungsbasis Handspannen (tib.: *mtho*) und Fingerbreiten (tib.: *sor mo*) sind. Typologisch werden drei Kategorien von Darstellungen unterschieden: 1. friedliche (tib.: *źi ba*), 2.

Darstellung des „friedlichen" Typus: Buddha *Śākyamuni*

Die „halbzornige" Gottheit *Heruka*

Die „zornige" Gottheit *Vajrapāṇi*

halbzornige oder heroische (tib.: *źi ma khro; dpa' bo*) und 3. zornige (tib.: *khro bo, drag po*). Buddhadarstellungen und solche des friedlichen Gottheitentypus sind u. a. gekennzeichnet durch ausgewogene Körperproportionierung, lieblich lächelndem Gesichtsausdruck und die sorgfältige künstlerische Gestaltung von 32 körperlichen „Kennzeichnen" (sanskr.: *lakṣana;* tib.: *mtshan*) und 80 sekundären „Merkmalen" (sanskr.: *anuvyañjana; tib.: dpe byad*), die dem idealen Erscheinungsbild einer „Großen Person" (sanskr.: *mahāpuruṣa*) entsprechen. Halbzornige Gottheiten werden oft als jugendliche Idealgestalten mit langen, schmalen Körpergliedern dargestellt. Bei der Gestaltung ihrer Gestik und Mimik wird ekstatischen und leidenschaftlichen Gefühlsregungen Ausdruck verliehen. Zornige Gottheiten werden u. a. mit gedrungenem Körperbau, zornig hervortretenden Augen, weit aufgerissenen Mündern mit gefletschten Fangzähnen und umgeben von einem lodernden Flammenkranz dargestellt.

Damit die Malerei oder Plastik ihre kultische Funktion als Verehrungsobjekt erfüllen kann, muß sie nach ihrer Fertigstellung geweiht werden. Mit der Durchführung der hierfür vorgesehenen Einsegnungszeremonie (*rab gnas*) beauftragt man einen oder mehrere geeignete Lamas. Sie rufen im Verlauf des Rituals die Segenskraft der in den himmlischen Gefilden (tib.: *źiṅ khams*) weilenden „Weisheitswesen" (tib.: *ye śes sems dpa'*) an und bitten sie, ihren Platz im Kultbild zu nehmen, um dort „fest zu verweilen". Falls es sich bei dem zu weihenden Objekt um ein Rollbild handelt, wird abschließend dessen Rückseite mit wirkkräftigen *Mantra*-Silben beschriftet. Plastiken erhalten als Weihebeigabe eine Füllung von Schriftröllchen (vgl. Katalog Nr. 14) und (meist 25) verschiedenen geweihten Substanzen.

2. Behältnisse der Rede (tib.: *gsuṅ rten*)

Nach buddhistischer Vorstellung findet die tonale Wirkungsebene des Buddha im Verkündigungsakt seiner Lehre (sanskr.: *dharma*; tib.: *chos*) ihren Ausdruck. Niederschriften buddhistischer Lehrinhalte werden daher als „Behältnisse" (tib.: *rten*) der „Rede" oder des „Wortes" (sanskr.: *vāc*; tib.: *gsuṅ*) verehrt. Die besondere Wertschätzung, die man gegenüber religiösen Schriften empfand, wurde u. a. dadurch zum Ausdruck gebracht, daß man Bücher vor dem Studium des Inhaltes ehrfurchtsvoll zur Stirn oder zum Scheitel führte.

Ein Verehrungsobjekt von besonderer Bedeutung war die kanonische Sammlung des zwischen 100 und 108 voluminösen Bänden umfassenden *bKa' 'gyur*. Er enthält die aus dem Sanskrit oder anderen indischen Sprachen übertragenen tibetischen Versionen jener Lehrschriften, deren Verkündigung oder Urheberschaft aus Sicht des gläubigen Buddhisten dem historischen Buddha *Śākyamuni* zugeschrieben wird.

Buddhistische Texte lagen in Manuskriptform oder als im Holzdrucktafel- oder Blockdruckverfahren hergestellte Druckerzeugnisse vor. Die Druckstöcke der kanonischen Sammlungen wurden in den großen, meist staatlichen Klosterdruckereien (z. B. dem *Żol dpar khaṅ* in *Lha sa*) aufbewahrt.

3. Behältnisse des Geistes (tib.: *thugs rten)*

Hierzu zählt das Gedächtnismonument des *Stūpa* (tib.: *mchod rten*) (s. Katalog Nrn. 8 u. 10). Ursprünglich ein Reliquiar für die sterblichen Überreste des historischen Buddha *Śākamuni* (ca. 500 v. Chr.) ist der *Stūpa* im tibetischen Buddhismus zum vielschichtigen Symbolträger erhoben worden. Die Formgebung seiner stereometrischen Einzelbestandteile versinnbildlicht u. a. die Lehre von den vier oder fünf „Elementen" (sanskr.: *bhūta*; tib.: *'byuṅ ba*) und den fünf psycho-physischen „Persönlichkeitsbestandteilen" (sanskr.: *skandha*; tib.: *phuṅ po*) der buddhistischen Metaphysik (sanskr.: *abhidharma*; tib.: *mṅon chos*). Im einzelnen gelten für die dreidimensionalen Grundelemente (von oben nach unten) die folgenden symbolischen Zuordnungen:

Stūpa-Bestandteil	Element	„Persönlichkeits-bestandteil"
Tropfen	Äther oder Raum	Bewußtsein (sanskr.: *vijñāna*; tib.: *rnam śes*)
Halbkugel	Luft	(unterbewußte) Bildkräfte (sanskr.: *saṃskāra*; tib.: *'du byed*)
Pyramide	Feuer	Unterscheidungsvermögen (sanskr.: *saṃjñā*; tib.: *'du śes*)
Kugel	Wasser	Empfindung oder Gefühl (sanskr.: *vedanā*; tib.: *tshor ba*)
Quader	Erde	Form (sanskr.: *rūpa*; tib.: *gzugs*)

Die Typologie des tibetischen *Stūpa* umfaßt acht Grundmodelle (Abb. 1–8), deren Symbolik im gläubigen Buddhisten die Erinnerung an die wichtigsten legendären Lebensstationen des historischen Buddha erweckt:

1. „*Stūpa* der angehäuften Lotos(blüten)" (tib.: *pad spuṅs mchod rten*) – Buddhas Geburt im *Lumbini*-Hain.
2. „*Stūpa* der Herabkunft aus dem Götter(bereich)" (tib.: *lha babs mchod rten*) – Besuch im Götterhimmel und Wiederabstieg über eine Leiter.

13 Monumentalstatue des *Maitreya* (vgl. Katalog Nr. 9)

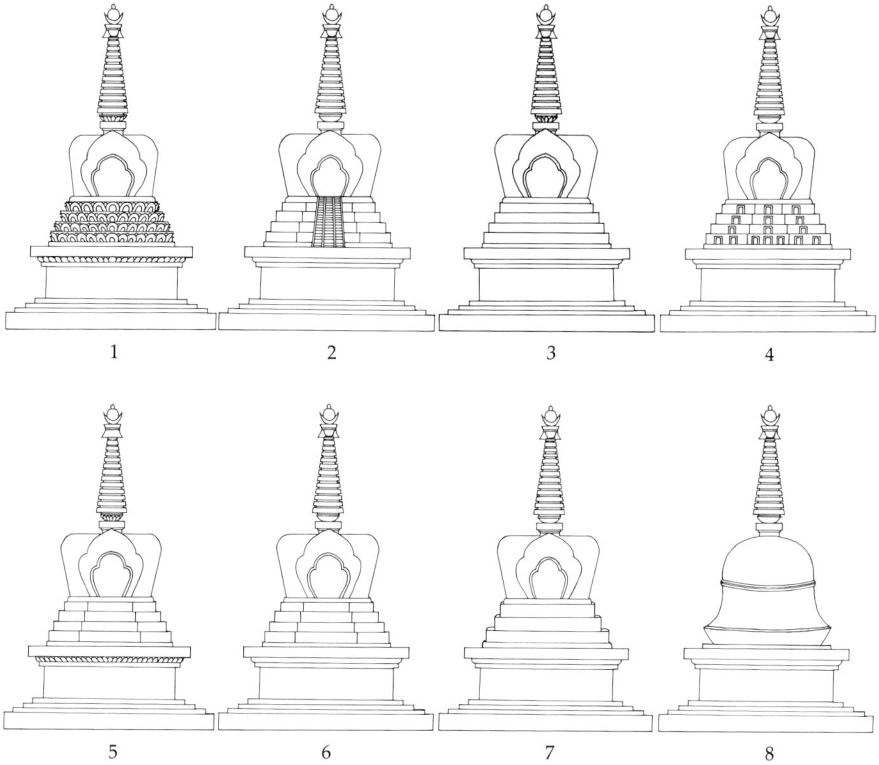

3. *„Stūpa* der Zähmung des *Māra“* (tib.: *bdud 'dul mchod rten*) oder *„Stūpa* der Erleuchtung“ (tib.: *byaṅ chub mchod rten*) – Sieg über den Versucher *Māra* und Erleuchtung in *Bodhgaya.*
4. *„Stūpa* der vielen Tore“ (tib.: *go maṅ mchod rten*) – Die Verkündigung der Lehre bei *Sarnath.*
5. *„Stūpa* der Wunder“ (tib.: *cho 'phrul mchod rten*) – Demonstration seiner Wunderkraft in *Śrāvasti.*
6. *„Stūpa* des vollkommenen Sieges“ (tib.: *rnam rgyal mchod rten*) – Willentliche Lebensverlängerung in *Vaiśali.*
7. *„Stūpa* der Aussöhnung“ (tib.: *dbyen bzlum mchod rten*) – Aussöhnung streitender Mönchsgruppen in *Rājagṛha.*
8. *„Stūpa* des Jenseits des Leiden Gelangens“ (tib.: *myaṅ 'das mchod rten*) – Tod und Eingang ins Nirvana in *Kuśinagara.*

14 Kumbum-Stūpa bei Gyantse

Miniatur-*Stūpas* wurden als Verehrungsobjekte auf dem Hausaltar oder in Tempelschreinen aufgestellt. In seiner architektonischen Form nimmt der Stūpa oft monumentale Maße an. Ein besonders beeindruckendes Beispiel hierfür ist der *Stūpa*-Bau der „Hunderttausend Buddhas“ (tib.: *sku 'bum*) bei Gyantse (tib.: *rgyal rtse*) in der zentraltibetischen Provinz *gTsaṅ,* dessen Inneres etwa einhundert Kapellen enthält.

Der buddhistische Schrein

Der traditionelle buddhistische Schrein oder Altar bestand meist aus einem schrankähnlichen Holzaufbau. Größe und Ausführung variierten je nach Standort und den finanziellen Mitteln, die dem Stifter oder Auftraggeber bei der Anfertigung zur Verfügung standen. So waren klösterliche Schreinaufbauten oft mit reichen Schnitzereien versehen. Hausaltäre meist mit schlichten buddhistischen Motiven bemalt oder einfach nur rot lackiert. Im oberen Bereich des Aufbaus befanden sich in vitrinenartigen Fächern als Verehrungsobjekte ein oder mehrere „Behältnisse“ (s. o.), nach Möglichkeit zumindest eine Statue, eine buddhistische Schrift und ein *Stūpa*. In Höhe der unteren Abschlußzone der Fächer befand sich ein ein- oder mehrstufiger Holzaufbau, auf dem die Opfergaben arrangiert wurden. Die Zusammenstellung und die Anordnung der Gaben war je nach rituellem Anlaß der Darbringung verschieden. Fast immer wurden jedoch als „Standardset“ die folgenden Gaben in Metallschälchen auf einer der unteren Altarstufen plaziert (s. Abb. 9, zweite Stufe): Die „Zwei Wässer“ (tib.: *chu gñis*): „Trinkwasser“ (tib.: *mchod yon*) und „Wasser zur Fußwaschung“ (tib.: *źabs bsil*) sowie die „Fünf Opfergaben“ (tib.: *ñer spyod lṅa*): Blumen (tib.: *me tog*), Weihrauch (tib.: *gdug spos*), leuchtende Öl- oder Butterlampen (tib.: *mar me*), Duftwasser (tib.: *dri chab*) und Speiseopfer (tib.: *źal zas*).

15 Geschnitzter Schreinaufbau in einem buddhistischen Kloster; rechts: Thron des Abts

Abb. 9

16 Buddhistischer Altar mit *gTor ma*-Opfergaben

Abb. 9 zeigt ein Opferarrangement bestehend aus mehreren Butterlampen (unterste Stufe), den „Zwei Wässern“ und „Fünf Opfergaben“ (zweite Stufe), einem typischen Arrangement von Räucherstäbchen (ganz hinten) sowie dem – im tibetischen Buddhismus charakteristischen – *gTor ma* – Speiseopfer (tib.: *mchod gtor* oder *źal zas kyi gtor ma*).

gTor ma wurde meist aus einem Teig geformt, der aus Gerstenmehl, Butter und Wasser bestand. Neben dem abgebildeten Typus des Speiseopfers gab es eine Vielzahl von in Form- und Farbgebung variierenden *gTor ma*, die speziellen Gottheiten zugeeignet waren. Im allgemeinen waren die *gTor ma* der friedlichen Gottheiten von rundlicher Form und mit einer Butterglasur versehen, die der zornvollen Gottheiten pyramidenförmig oder eckig und rot bemalt.

Der *Vajra* (tib.: *rdo rje*)

Der Begriff *Vajra* findet erstmals in den hymnischen Schriften des *Ṛg*-Veda (ca. 1500 v. Chr.) als Bezeichnung für die Waffe oder das Emblem des altindischen Gottes *Indra* Erwähnung. *Vajra* entspricht in diesem Zusammenhang einem Donnerkeil oder Blitzstrahlbündel. Des weiteren ist dieser Sanskrit-Begriff die Bezeichnung für den Diamanten – so auch in seiner tibetischen Wiedergabe *rDo rje* (lit.: „Herr der Steine"). Im esoterischen Buddhismus des *Vajrayāna* (lit.: „Diamant-Fahrzeug") wurde er etwa ab dem 4.–5. Jh. – in Abstrahierung der beiden genannten Grundbedeutungen – zum Inbegriff der Unzerstörbarkeit, Unveränderlichkeit, Reinheit, Klarheit und absoluten geistigen Macht. Als sichtbarer Funktions- und Symbolträger nimmt der *Vajra* im tantrischen Buddhismus die Form eines zepterähnlichen Ritualinstrumentes an.

In seinem Grundtypus ist der rituell verwendete *Vajra* meist spannenlang. Das Zentrum des Griffes (tib.: *lte ba*; „Nabel, Zentrum"), das kugel- oder ellipsoidförmig gestaltet ist, wird beidseitig von je drei parallel verlaufenden Zier- oder Perlleisten (tib.: *phreṅ ba gsum gśibs*; „dreifaches Kettenarrangement") und einer daran anschließenden lotosblütenförmigen Dekorzone (tib.: *pa dma*; „Lotos") flankiert. Die Griffränder sind meist in Form stilisierter Staubgefäße (tib.: *ze'u bru*) gestaltet. Den Abschluß der Mittelzonen bilden die flachen Oberflächen der beiden sogenannten „Mondsitze" (tib.: *zla gdan*). In deren Zentren erheben sich je eine geradlinig verlaufende kantige Zacke oder Speiche (tib.: *rtse*; „Spitze") von meist viereckigem, seltener achteckigem Querschnitt, die von je vier oder acht krallenartig nach innen gebogenen Speichen flankiert ist. Die untere Abschlußzone der äußeren Speichen ist häufig mit der plastisch gestalteten Darstellung eines Seeungeheuerkopfes (tib.: *chu srin gyi kha*; „Seeungeheuermaul") verziert. Die oberen Speichenabschlüsse sind fast immer mit der zentralen Speiche verbunden.

In den Ritualvorschriften des tantrischen Buddhismus werden mitunter auch*Vajras* höherer oder niedrigerer Speichenzahl, z. B. der „einspeichige *Vajra*" (tib.: *rdo rje rtse gcig*), der nur die zentrale Speiche besitzt, erwähnt. Der in der Ritualpraxis weitaus gebräuchlichste Typus ist jedoch der „fünfspeichige" oder „-spitzige" *Vajra* (tib.: *rdo rje rtse lṅa*), dessen Speichen als abstrahierte Repräsentation der „Fünf *Jina*-Klassen" (tib.: *rgyal ba rigs lṅa*) oder „Fünf *Tathāgatas*" (tib.: *de bźin gśegs pa lṅa*) gelten. Bei diesen termini technici handelt es sich um Bezeichnungen für eine Fünfergruppe von archetypischen Buddhagestalten, die die kosmologischen und philosophischen Urprinzipien des *Vajrayāna*-Buddhismus versinnbildlichen. Aus der

Vielzahl ihrer symbolischen Zuordnungen seien hier nur die folgenden aufgelistet:

Himmelsrichtung (Speiche)	*Jina*	Element	Farbe	Weisheit
Zentrum (Mitte)	*Vairocana* (tib.: *rnam par snaṅ mdzad*)	Äther	weiß	*Dharmadhātu*-Weisheit
Osten (vorn)	*Akṣobhya* (tib.: *mi bskyod pa*)	Wasser	blau	Spiegelgleiche Weisheit
Süden (links)	*Ratnasambhava (tib.: rin chen 'byuṅ gnas*)	Erde	gelb	Weisheit der Gleichheit
Westen (hinten)	*Amitābha (tib.: 'od dpag med*)	Feuer	rot	Weisheit der Unterscheidung
Norden (rechts)	*Amoghasiddhi* (tib.: *don yod grub pa*)	Wind	grün	Weisheit der Tatvollendung

Als rituelles Instrument verkörpert der *Vajra* in seiner Gesamtheit die (zur Erleuchtung führende) „Methode" (sanskr.: *upāya*; tib.: *thabs*) und das männliche Prinzip, das seine komplementäre Entsprechung in der Ritualglocke (sanskr.: *ghaṇṭā*; tib.: *dril bu*), dem Symbol des Weiblichen und des „Höchsten Wissens" (sanskr.: *prajñā*; tib.: *śes rab*), findet.

1 Akṣobhya

(tib.: *mi 'khrugs pa* oder *mi bskyod pa*)

Farben auf Leinwand; Seidenbrokat (Einfassung);
Seide (Vorhang)
85,6 × 58,8 cm (Malerei); 161 × 91 cm (mit Einfassung)
20. Jh.
Tibet
(Inv.-Nr. 10995)
Sammlung Ernst Schäfer

Buddhistisches Rollbild (tib.: *thaṅ ka*) mit der zentralen Darstellung des Buddha *Akṣobhya* (lit.: „Der Unerschütterliche"), der im Symbolismus des *Vajrayāna*-Buddhismus als Personifikation der „Spiegelgleichen Weisheit" (tib.: *me loṅ lta bu'i ye śes;* skr.:*ādarśajñāna*) angesehen wird. Über der Zentralfigur ist der Begründer der *dGe lugs pa*-Schule des tibetischen Buddhismus *bTsoṅ kha pa Blo bzaṅ grags pa* (1357–1419), flankiert von seinen beiden engsten Schülern *rGyal tshab rje* und *mKhas grub rje,* dargestellt. Zu Füßen des *Akṣobhya* befindet sich eine Abbildung des indischen Mystikers *Padmasambhava* (tib.: *padma 'byuṅ gnas),* der im 8. Jh. maßgeblich an der Einführung und Verbreitung des Buddhismus in Tibet beteiligt war. Als Gefolge der Zentralfigur sind entlang der Bildränder einige der bedeutendsten Gottheiten des indo-tibetischen Pantheons dargestellt (im Uhrzeigersinn, oben rechts neben der Lama-Triade beginnend): *Bhaiṣajyaguru Vaidūryaprabharāja* (tib.: *sman gyi bla bai dur ya 'od kyi rgyal po),* der „Buddha der Heilkunde"; *Vajrasattva* (tib.: *rdo rje sems dpa'),* das „Vajra-Wesen"; *Amitābha* (tib.: snaṅ ba mtha' yas), der „Buddha des unermeßlichen Lichtglanzes"; *Śyāmatārā* (tib.: *sgrol ljaṅ*), die grüne Manifestation der „Erretterin"; *Śrīdevī* (tib.: *dpal ldan lha mo*), eine zornvolle weibliche Schutzgottheit; *Vajrapāni* (tib.: *phyag na rdo rje),* der „Halter des *Vajra"; Vaiśravaṇa* (tib.: *rnam thos sras),* eine Reichtumsgottheit; *Sitatārā* (tib.: *sgrol dkar),* die weiße Erscheinungsform der „Erretterin"; *Amitāyus* (tib.: *tshe dpag med), der Bodhisattva* der „unermeßlichen Lebenskraft" und schließlich *Avalokiteśvara* (tib.: *spyan ras gzigs*), der „gnädig herabblickende" *Bodhisattva* des Mitleids in seiner weißen, vierarmigen Manifestation.

Die Malerei wird von einer dreifarbigen Seidenbrokatfassung umrahmt: ein gazeartiger Seidenvorhang dient als Schutz gegen Verschmutzung und Staub. Die üblicherweise ober- und unterhalb der Einfassung befindlichen Holzstäbe, die den sicheren Transport des Bildes in aufgerolltem Zustande gewährleisten sollen, fehlen.

2 Amulettbehälter

(tib.: *ga'u)*

Silber, Kupfer, Messing, Glas; Baumwolle, Leder (Hülle)
Maße: 10,5 × 16 × 5,2 cm
20. Jh.
Tibet oder Nepal
(Inv.-Nr. 11002)
Sammlung Ernst Schäfer

Zweiteiliges Behältnis (Abdeckung und Unterteil) mit Schutzhülle zur Aufbewahrung von geweihten Amuletten und anderen konsekrierten Substanzen. Hinter dem Glasfenster in der Mitte des in reichem Blüten- und Rankendekor treibziselierten Silberdeckels ist ein modernes Portrait (indischer oder ceylonesischer Herkunft) des historischen Buddha *Śākyamuni* erkennbar. Die abgesetzte Begrenzung des Fensters ist von Messingblechplaketten mit den Darstellungen der „Acht glücksverheißenden Symbole" (tib.: *bkra śis rtags brgyad),* eines „Wunscherfüllenden Juwels" (tib.: *yid bźin nor bu;* Mitte oben) sowie eines Seeungeheuers (tib.: *chu srin;* Mitte unten) umgeben. Die zentrale untere Plakette wird von zwei Elefanten flankiert.

Behälter dieses Typus dienten sowohl als auf dem Altar aufzustellende Verehrungsobjekte wie auch als Miniatur-Schreine und schutzgewährende Objekte zur Mitnahme auf Reisen.

3 Vajravārāhī

(tib.: *rdo rje phag mo*)

Bronze mit Feuervergoldung und ikonographischer Bemalung, Halbedelsteine
Höhe: ca. 20,5 cm
20. Jh.
Tibet/Nepal
(Inv.-Nr. 14444 a, b, c)

Kultplastik der „Himmelswandlerin" (sanskr.: *ḍākinī;* tib.: *mkha' 'gro ma) Vajravārāhī,* die im esoterischen *Vajrayāna*-Buddhismus als Verkörperung des philosophischen Konzepts der „Gleichzeitig entstehenden Weisheit" (sanskr.: *sahajajñāna;* tib.: *lhan cig skyes pa'i ye śes*) gilt. Die Gottheit steht in tänzerischer Haltung mit angezogenem rechten Bein. In ihrer erhobenen Rechten hält sie in „Drohender Geste" (tib.: *sdig mdzubs kyi phyag rgya*) ein Hack- und Häutemesser (tib.: *gri gug*) als Symbol für die Durchtrennung der Unwissenheit. In der Linken hält sie eine mit „Weisheitsnektar" (tib.: *ye śes kyi bdud rtsi*) gefüllte Schädelschale; ein *Khaṭvāṅga*-Stab – Sinnbild ihres männlichen Partners *Cakrasaṃvara* (tib.: *'khor lo sdom pa*) – ruht in ihrer linken Armbeuge. Unter ihrem linken Fuß liegt ein unterworfener „Hindernisdämon" (tib.: *bgegs).* Ihr Körper ist von einer „Weisheitsfeuer" (tib.: *ye śes kyi me)*-Mandorla umgeben.

Die Gesichts- und Halspartie der Figur ist feuervergoldet. Die charakteristische farbliche Ausgestaltung der Bemalung von Gesicht und Aureole ist den in der tibetischen Rollbild-Malerei gebräuchlichen ikonographischen Richtlinien entlehnt. Ohr- und Halsschmuck sind mit kleinen Türkis- und Korallenperlen besetzt.

Die Gestaltung der Proportionen und der Gesichtszüge dieser Plastik, die 1986 von einem im nepalesischen Exil lebenden tibetischen Künstler gefertigt wurde, weist einige Charakteristika des nepalesischen Stils auf.

4 Śyāmatārā

(tib.: *sgrol ljaṅ*)

Bronze mit Feuervergoldung und ikonographischer Bemalung;
Halbedelsteine
Höhe: 21 cm
20. Jh.
Tibet/Nepal
(Inv.-Nr. 14426)

Der Kult der „Erretterin" *Tārā* (tib.: *sgrol ma*) zählt zu den am weitesten verbreiteten und populärsten religiösen Praktiken des tibetischen Buddhismus. In zahlreichen ihrer ikonographisch kodifizierten Erscheinungsformen, beispielsweise in der für das Indien des 10. Jh. belegten Gruppe der „21 *Tārās*", gilt sie als die „Beseitigerin (jeglicher) Furcht" (tib.: *'jig pa sel ma*). Die vorliegende Bronze zeigt sie in ihrer „grünen" (sanskr.: *śyāma*; tib.: *ljaṅ gu*) Manifestation, in der sie die im *Mahāyāna*-Buddhismus erstrebte mitfühlende Aktivität zur Beseitigung der Leiden aller im Existenzen-Kreislauf befindlichen Lebewesen versinnbildlicht. Die Gottheit sitzt mit herabhängendem rechten Bein in „halbgekreuzter Haltung" (tib.: *skyil kruṅ phyed pa*) auf einem Lotos-Thron; ihre rechte Hand liegt mit nach außen weisender Handfläche in der „Geste des Gebens des Besten" (tib.: *mchog sbyin gyi phyag rgya*) auf ihrem rechten Knie, die Linke ist mit aneinandergefügtem Zeigefinger und Daumen – symbolisch für die Vereinigung der komplementären Gegensätze von „Methode" (sanskr.: *upāya*; tib.: *thabs*) und „Höchstem Wissen" (sanskr.: *prajñā*; tib.: *śes rab*) – in der „Geste der Lehrverkündigung" (tib.: *chos 'chad kyi phyag rgya*) vor ihrem Herzen erhoben. In ihren beiden Händen hält sie je einen Stengel der neben ihren Schultern erblühenden *Utpala*-Lotosblumen, die die ihr traditionell zugeordneten Embleme sind.

In der Ausgestaltung von Form- und Farbgebung ähnelt die Figur der Bronze Katalog Nr. 3, die von derselben Künstlerhand geschaffen wurde wie die vorliegende.

5 Śyāmatārā

(tib.: *sgrol ljaṅ*)

Bronze mit Vergoldung; Türkise
Höhe: 14,8 cm
17. Jh.
Südwest-Tibet
(Inv.-Nr. 9009)
Sammlung Wrede

Kultplastik der „grünen" *Tārā* (vgl. Ktlg. Nr. 4) in der stilistischen Ausgestaltung der sino-tibetischen Kunstschule.

Die Vergoldung weist Kratzspuren auf; der teilweise fehlende Türkisbesatz wurde 1981 ergänzt.

6 Vajrabhairava

(tib.: *rdo rje 'jigs byed*)

Bronze
Höhe: 24,5 cm
Ca. 17. Jh.
Tibet oder Nepal
(Inv.-Nr. 9222)

Außergewöhnlich differenziert ausgestaltete Plastik mit der Darstellung des „Bezwingers des Todes" *Yamāntaka* (lit.: „Der dem ‹Todesgott› *Yama* ein Ende Setzende"; tib.: *gśin rje gśed*) in seiner – insbesondere von den Mitgliedern der *dGe lugs pa*-Schule verehrten – komplexen Manifestation als *Vajrabhairava* (lit: „*Vajra*-Schreckenerregender"). Nach dem Entstehungsmythos des ihm in der tibetanischen Ritualliteratur gewidmeten Lehrzyklus gilt er als zornvolle Emanation des Bodhisattva der Weisheit *Mañjuśrī* (tib.: *'jam dpal*), dessen verhalten friedvolles Antlitz hier als oberstes der insgesamt neun Gesichter in zweiter Reihe über dem zentralen Stierkopf dargestellt ist. Seine 34 Hände sind in der „Geste der Drohung" (tib.: *sdig mdzubs kyi phay rgya*) erhoben. Mit dem ersten Händepaar, in dem er in der Rechten ein Hack- und Häutemesser (tib.: *gri gug*), in der Linken eine Schädelschale (tib.: *thod pa*) hält, umarmt er seine ihm zugewandte Partnerin *Vetālī (tib: ro laṅs ma*). Unter seinen 16 Füßen liegen auf einem massiven, doppelreihigen Lotossockel verschiedene vollplastisch ausgearbeitete Tier- und Götterfiguren als symbolische Darstellungen der durch ihn zu unterwerfenden, feindlich gesinnten Kräfte.

Ein Teil der separat gegossenen und mittels Zapfen am Sockel zu befestigenden Figurinen ist verlorengegangen; zum vollständigen, ikonographisch vorgeschriebenen Satz fehlt die Darstellung eines Wolfes sowie die des elefantenköpfigen Gottes *Gaṇeśa.* Von den wohl ebenfalls als Einzelstücke gefertigten Handattributen des *Vajrabhairava* ist, mit Ausnahme der mit der Plastik verlöteten Embleme im ersten Händepaar der Gottheit, nur noch ein *Khaṭvāṅga*-Stab erhalten.

Beste künstlerische Arbeit im nepalesischen Stil.

7 Vajracchedikā-Manuskript

Farben, Gold- und Silbertinte auf Papier, Seide; Holz (Deckel); Leder (Befestigungsband)
56,5 × 21 cm (Folio); ca. 65,6 × 23,2 cm (Deckel); 18,3 cm (Gesamthöhe); ca. 240 × 2,1 cm (Lederband)
19.–20. Jh.
Ost-Tibet.
(Inv.-Nr. 8793)
Sammlung Gordon T. Bowles

Illuminiertes Manuskript in 17 Kapiteln (380 Folios). Die Kapitel 1–10 enthalten je eine Abschrift der tibetischen Version des *Vajracchedikā (tib: rdo rje gcod pa)-Sūtra*, das als eigenständiger Teil der vermutlich um die Zeitwende in Indien entstandenen *Prajñāpāramitā*-Literatur die dort formulierte philosophische Sicht zum Inhalt hat, derzufolge alle phänomenalen Erscheinungen als geistige Projektionen, nicht jedoch als endgültige Wirklichkeit anzusehen seien. Die Kapitel 11–17 enthalten verschiedene Schriften, die bei zweiwöchentlich in der Mönchsversammlung abzuhaltenden rituellen Bekenntnissen von Verfehlungen gegen den buddhistischen Moralkodex zur Verlesung kamen.

Die Rückseiten der Titelblätter, die den Beginn eines neuen Kapitels markieren, sind mit Miniaturdarstellungen des Buddha und seiner Schüler sowie verschiedener Gottheiten des buddhistischen Pantheons verziert. Zum Schutz der Miniaturen gegen Verschmutzung sind an den Blattoberkanten rechteckige Seidenstreifen-Vorhänge befestigt. Abbildung b zeigt Fol. 1b (oben) und 342b mit den Darstellungen des historischen *Śākyamuni* (links oben) und des zukünftigen Buddha *Maitreya* (links unten; vgl. Katalog Nr. 9) sowie zweier nicht identifizierter Schüler (rechts).

Zwei massive, an den Oberkanten abgerundete Holzbohlen, die mit einem Lederband ober- und unterhalb des Blockes aus losen Einzelblättern handgeschöpften und beidseitig beschriebenen Papiers zu befestigen sind, dienen als Buchdeckel.

Abb. b

8 Stūpa

(tib: *mchod rten*)

Messing, Halbedelsteine; Farbe auf Leinwand (Miniatur)
Höhe: 17 cm; Maße Bodenplatte: 11,5 × 11,5 cm
19. Jh.
Zentral-Tibet
(Inv.-Nr. 8677)
Sammlung Gordon T. Bowles

In Anlehnung an die Formgebung der halbkugeligen Gedächtnismonumente, die als Reliquiare für die eingeäscherten sterblichen Überreste des vermutlich im Jahre 483 v. Chr. verstorbenen Buddha *Śākyamuni* dienten, entwickelte sich in der Folgezeit der aus fünf stereometrischen Grundelementen (Quader, Kugel, Pyramide, Halbkugel und Tropfenform) sich zusammensetzende *Stūpa*. In seiner Funktion als Behältnis für konsekrierte, heilskräftige Substanzen oder für die Reliquien buddhistischer Heiliger und als abstrahiertes Sinnbild der psycho-physischen Konstituenten des Buddha, nimmt er in der buddhistischen Devotionspraxis als Verehrungsobjekt einen hohen Stellenwert ein. Typologisch werden in der tibetischen Tradition acht Grundmodelle, die sogenannten „Acht großen *Stūpa*" (tib: *mchod rten che brgyad*), die an die wichtigsten Episoden aus dem Leben des Buddha *Śākyamuni* erinnern sollen, unterschieden. Das vorliegende Objekt gemahnt den gläubigen Buddhisten als „*Stūpa* der Herabkunft aus dem Götter(bereich)" (tib: *lha babs mchod rten*) an den in der Buddha-Biographie legendenhaft geschilderten Herabstieg des Buddha aus den himmlischen Gefilden des *Tuṣita*-Bereiches, in dem er die dort versammelten *Bodhisattvas* und Götter in der Lehre unterwiesen haben soll, in die irdische Welt.

Über der im Rankendekor getriebenen und mit Halbedelsteinen besetzten Basis (tib: *sa stegs*) erhebt sich ein dreistufiger Sockel, auf dem das kubische Unterteil des ersten Bestandteils des eigentlichen, zweiteiligen *Stūpa* – des sogenannten „Ursächlichen *Stūpa*" (tib: *rgyu'i mchod rten*) – in Form eines „Löwenthrones" (tib: *seṅ khri*) ruht. Auf jeder der vier Seitenflächen (tib: *gdoṅ chen;* lit.: „Haupt-Fassade") des im Grundriß quadratischen Throns finden sich hier die in Treibziseliertechnik gefertigten Darstellungen je dreier „flammender Juwele" (tib: *nor bu*), die von zwei den Thronaufbau stützenden Löwen flankiert werden. Der Thronaufbau besteht aus den übereinanderliegenden Stufen von „Gesims" (tib: *gzuṅ snam*), „kleinem Lotos" (tib: *pad chuṅ*) – einem schmalen Band im Lotosblattdekor – und der oberen Grundfläche (tib: *ba gam*), die hier den gleichen Dekor wie die Basis trägt. Der hierauf ruhende „Ursächliche *Stūpa*" (tib: *rgyu'i mchod rten*) setzt sich aus einem stufenpyramidenförmigen Unterbau (tib: *baṅ rim*) und dem „vasenförmigen Behältnis (tib: *bum pa;* lit.: Vase, Topf) für die Weihebeigaben zusammen. Auf der Stirnseite des rundum mit den reliefartig hervortretenden Darstellungen von juwelenspeienden Seeungeheuern (tib: *chu srin* oder *ma ka ra*) verzierten Behältnisses ist hinter der Öffnung eines halboval geschweiften Fensters, dessen Randblende im Rankendekor gehalten ist, die Miniatur eines Buddha (nicht identifiziert) erkennbar. Der „Resultierende *Stūpa*" (tib: *'bras bu'i mchod rten*) nimmt seinen Anfang mit dem oben auf der abgeflachten Behältniskuppel angebrachten sogenannten „Lotosschirm-Ständer" (tib: *gdugs 'deg pad*), einer rechteckigen, zweistufigen Halterung. Darüber erhebt sich die konisch verlaufende Säule der „*Dharma*-Rad (tib: *chos 'khor*)-Ringe", die ihren oberen Abschluß durch einen im Lotosblattdekor gehaltenen „Schirm" (tib: *gdugs*) findet. Zu beiden Seiten der Ringsäule ist je ein Zierstück in Form von nach außen weisenden Rankenornamenten angebracht.

Die traditionellerweise über dem „Schirm" befindlichen Darstellungen von Halbmond, Sonne und einer Flamme, sind verlorengegangen. Der *Stūpa* ist mit einer versiegelten und unbeschädigten Bodenplatte versehen; die geweihte Füllung dürfte daher noch unversehrt sein.

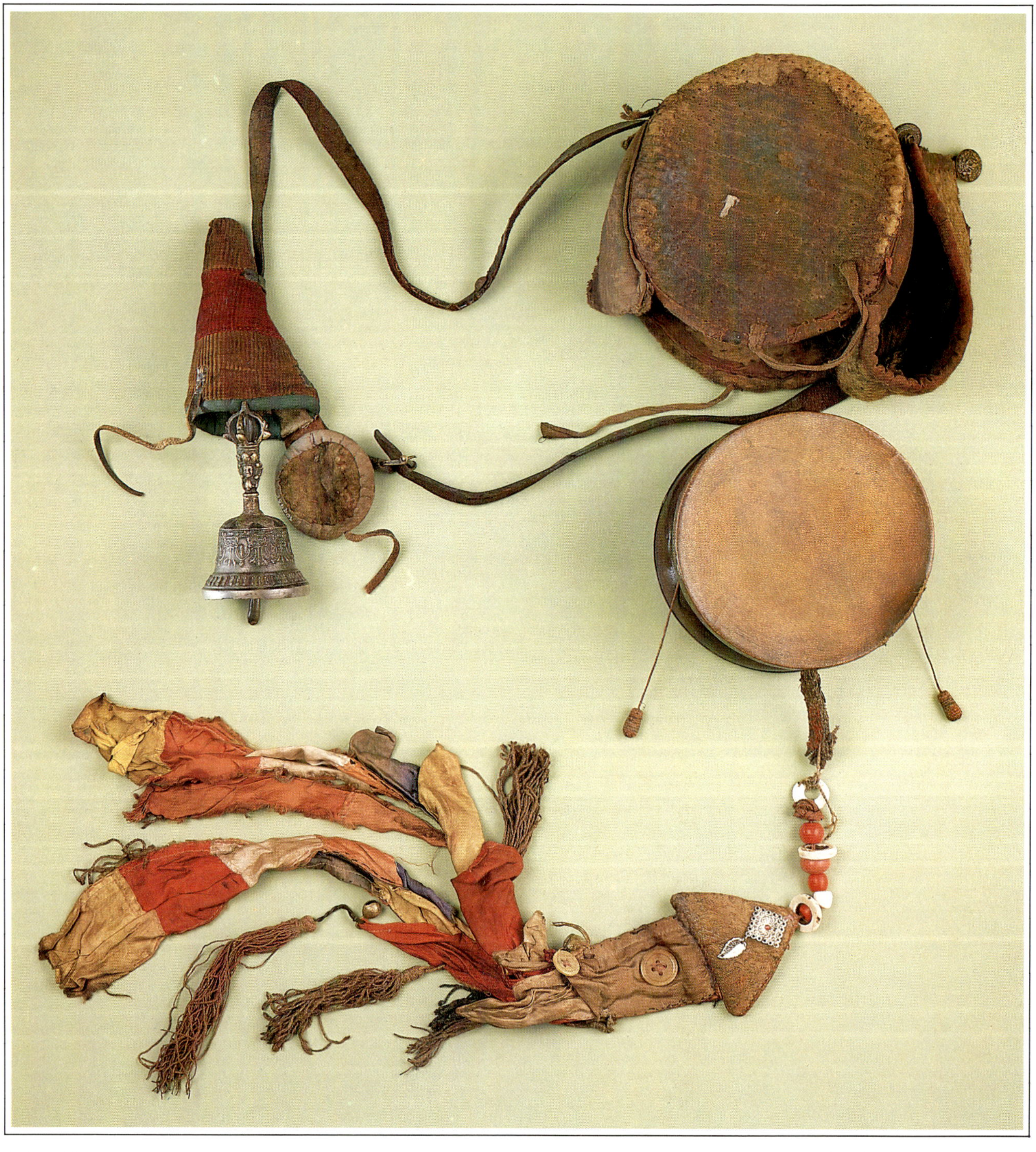

Farbtafel 27

Beschreibung siehe Seite 64

9 Maitreya

(tib: *byams pa*)

Bronze mit Feuervergoldung und ikonographischer Bemalung
Höhe: 24,1 cm
20. Jh.
Tibet/Nepal
(Inv.-Nr. 14425 a, b, c)

Kultplastik mit der Darstellung des *Maitreya*. Er gilt nach buddhistischer Mythologie als der auf den historischen Buddha *Śākyamuni* (ca. 500 v. Chr.) folgende Buddha einer künftigen Epoche. Die Bronze zeigt ihn mit herabhängenden Beinen in der „Guten Haltung" (sanskr.: *bhadrāsana*; tib.: *bzaṅ po'i 'dug staṅs*) auf einem rechteckigen Thron sitzend. In seinen beiden Händen hält er in der „Geste des Drehens des Dharmarades" (sanskr.: *dharmacakramudrā*; tib.: *chos 'khor gyi phyag rgya*) je einen *Nāga*baumzweig, auf dessen erblühten Spitzen die dem zukünftigen Buddha zugeordneten Embleme ruhen: Zu seiner Rechten – symbolisch für den achtfachen buddhistischen Pfad – das achtspeichige „ Rad der Lehre" (sanskr.: *dharmacakra*; tib.: *chos kyi 'khor lo*); zu seiner Linken ein Wassergefäß für den rituellen Gebrauch (sanskr.: *kalaśa, kuṇḍikā*; tib.: *bum pa, spyi blugs*). Als Zeichen der „Vollkommenheiten" (sanskr.: *pāramitā*; tib.: *pha rol tu phyin pa*), die traditionsgemäß zur Erleuchtung führen sollen (das sind: Freigebigkeit, Sittlichkeit, Entsagung, Wissen, Willenskraft, Nachsicht, Wahrhaftigkeit, Entschluß, Güte und Gleichmut), trägt er den reichen Schmuck eines „Erwachten Wesens" (sanskr.: *bodhisattva*; tib.: *byaṅ chub sems dpa'*).

Die Plastik stammt aus derselben Werkstatt, in der auch die Bronzen Katalog Nr. 3 und 4 gefertigt wurden.

10 Stūpa

(tib.: *mchod rten*)

Messing; Kupferblech (Bodenplatte)
Höhe: 17,3 cm; Boden ⌀: 8,2 cm
ca. 1900–1950
Zentral-Tibet
(Inv.-Nr. 11009)
Sammlung Ernst Schäfer

Runder Votiv-*Stūpa* (vgl. Katalog Nr. 8) vom Typus eines „*Stūpa* des ‚Jenseits-des-Leidens-Gelangens'" (tib: *myaṅ 'das mchod rten*), der zur Erinnerung an den Tod des Buddha und seinen Eingang in das *Nirvāna* errichtet wird.

Der Sockel trägt einen zweireihigen, reliefartigen Lotosblattdekor. Der über dem „Schirm" (tib: *gdugs*) befindliche Aufsatz ist vollplastisch in Form einer geschlossenen Lotosknospe ausgestaltet.

11 Padmasambhava

(tib.: *padma 'byuṅ gnas*)

Ungebrannter Ton
Höhe: 7,7 cm
19.–20. Jh.
Ost-Tibet
(Inv.-Nr. 11079)

Mittels Metall- oder Holzmodeln gefertigte Tonplastik mit der Darstellung des indischen Mystikers *Padmasambhava*. Er hatte im 8. Jahrhundert maßgeblichen Anteil an der Einführung und Institutionalisierung des Buddhismus in Tibet und gilt als der Begründer der *rÑiṅ ma pa*-Schule des tibetischen Buddhismus. Die Figur zeigt ihn in Mönchsgewänder gekleidet auf einem Lotosthron in der „*Vajra*-Haltung" (tib: *rdo rje skyil kruṅ*) sitzend. In seinen – in der „Geste der Konzentration" (tib: *mñam gźag gi phyag rgya*) auf dem Schoß liegenden – Händen hält er eine Schädelschale (tib: *thod pa*). Auf seinem Kopf trägt er den „Hut der (indischen) Gelehrten" (tib: *paṇ źva*).

a

b

c

12 Drei Tsha tsha

Ungebrannter Ton mit Vergoldung und Rotlackierung
6,0 × 7,8 × 1,7 cm (Abb. a und c); 6,8 × 10,2 × 3,1 cm (Abb. b)
19.–20. Jh.
Mongolei
(Inv.-Nr. 5209 ‹Abb. b›, 5210 ‹Abb. a›, 5211 ‹Abb. c›)

Drei Tonreliefs (tib.: *tsha tsha*) mit den Darstellungen der – auf der Rückseite der Plaketten in dreisprachiger Inschrift (tibetisch, mongolisch, mandschurisch) namentlich genannten – buddhistischen Gottheiten *Virūpākṣa* (tib.: *spyan mig mi bzaṅ*), des Hüters der westlichen Himmelsrichtung (Abb. a), *Amitāyus* (tib.: *tshe dpag med*), des *Bodhisattva* der „Unermeßlichen Lebenskraft" (Abb. b) und des *Arhat* (Mönchsheiliger; lit.: „Würdiger") *Śāṇakavāsin* (tib.: *śā na'i gos can*; lit.: „der Linnen-Gekleidete").

Plakettenförmige und vollplastische *Tsha tsha*, die aus Ton unter Beigabe geweihter mineralischer und pflanzlicher Substanzen in Metall- oder Holzmodeln geformt, sodann luftgetrocknet und gegebenenfalls bemalt oder lackiert wurden, fanden vor allem als Füllung von Statuen und *Stūpas*, aber auch als in Amulettbehältern aufzubewahrende Verehrungsobjekte Verwendung. Häufig wurde der Tonmasse die Asche feuerbestatteter Verstorbener beigemengt und die hieraus gefertigten *Tsha tsha* als glücksbringende Votivgabe zur positiven Beeinflussung des Schicksals des Verstorbenen in seiner nächsten „Wiedergeburt" in eigens zu diesem Zwecke errichteten Häuschen (tib.: *tsha khaṅ*) deponiert.

Rückseite Abb. a

Rückseite Abb. c

13 Tsha tsha

Ungebrannter Ton
8 × 9 cm
19.–20. Jh.
Ost-Tibet
(Inv.-Nr. 11080)

Rechteckige Tontafel mit der in vier übereinanderstehenden Reihen angeordneten Darstellung von zwanzig gleichartig ausgestalteten Buddhas (möglicherweise des Buddha *Vairocana* ‹tib.: *rnam par snaṅ mdzad*›), deren Hände in der „Geste des Drehens des *Dharma*-Rades" (sanskr.: *dharmacakramudrā*; tib.: *chos 'khor gyi phyag rgya*) erhoben sind.

Abb. a

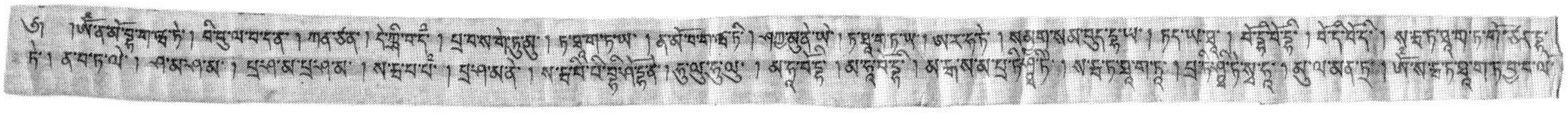

Innenseite

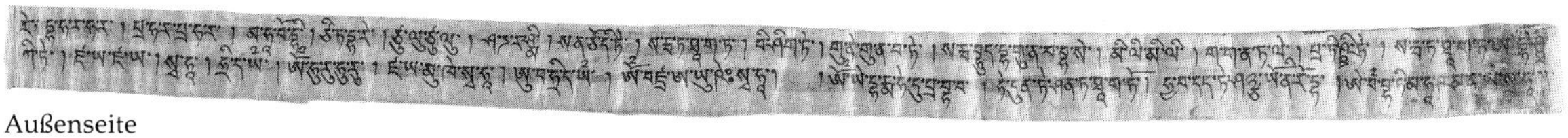

Außenseite

Abb. b

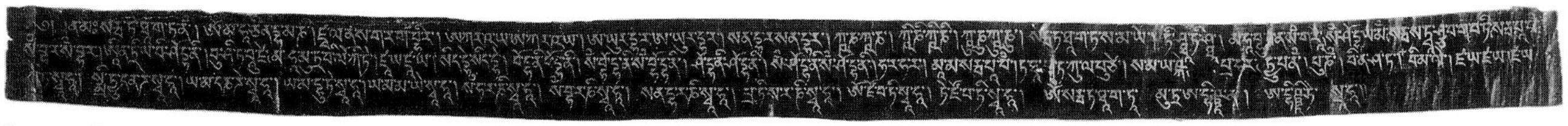

Innenseite

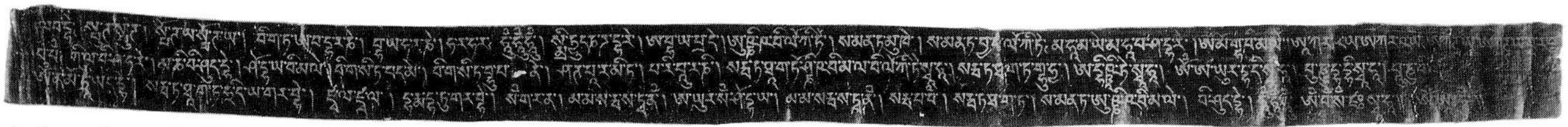

Außenseite

14 Zwei „Mantra-Röllchen“

Tinte auf Papier (Abb. a)
Farbe auf Papier (Abb. b)
∅: 1,6 cm (Abb. a); 51 × 3 cm (Abb. b)
19.–20. Jh.
Ost-Tibet
(Inv.-Nr. 11084 ‹Abb. a›, 11085 ‹Abb. b›)
Sammlung Gordon T. Bowles

Beidseitig mit mantrischen Formeln beschriftete Papier-Röllchen (tib.: *sṅags 'jug*, lit.: „*Mantra*-Füllung), die als wesentlicher Bestandteil der Weihefüllung von Statuen beigegeben wurden. Der hier abgebildete Streifen (Abb. b) trägt als Inschrift die „*Dhāraṇī* (‚Ketten-*Mantra*‘) der hunderttausend Ornamente des Erwachens“ (tib.: *byaṅ chub rgyan 'bum gzugs*).

15 Amulettbehälter

(tib.: *ga'u*)

Silber, Kupfer; Leder, Woll- und Baumwollstoff (Tragevorrichtung, Beutel)
Höhe: 14,1 cm; Länge der Tragevorrichtung: 72 cm
19.–20. Jh.
Ost-Tibet
(Inv.-Nr. 8670)
Sammlung Gordon T. Bowles

„Um den Hals zu tragendes Amulettbehältnis“ (tib.: *mgul ga*), dessen Unter- und Oberteil durch seitlich befindliche Versatzösen ineinander verankert sind. Der in Treibtechnik gefertigte Dekor des Oberteils zeigt die Darstellung eines von Ranken- und Fruchtknotenornamenten eingerahmten „Wunscherfüllenden Juwels“ (tib.: *yid bźin nor bu*). An der Tragevorrichtung des Behältnisses sind drei Beutel mit geweihtem Inhalt (Getreide, Papieramulett) sowie ein Miniatur-*Vajra* (vgl. S. 20), ein Messingring und mehrere, teils verflochtene Woll-, Baumwoll- und Seidengewebestreifen als „Schutzknoten“ (tib.: *sruṅ mdud*) befestigt.

(Inv.-Nr. 14706)

16 Handgebetsmühle

(tib.: *lag skor*)

Weißsilber (Zylinder, Achsenkappe, Griffhülsen); Holz (Griff); Blei (Pendelgewicht)
Länge: 29 cm; Zylinder ⌀ : 7,5 cm
20. Jh.
Tibet
(Inv.-Nr. 11017)
Sammlung Ernst Schäfer

Der Zylinder dieser Gebetsmühle ist mit grob getriebenen Rankenornamenten und den Darstellungen der „Acht Glückssymbole" verziert. Die knospenförmige Achsenkappe und der Zylinderdeckel tragen ein Lotosblatt-Dekor.

17 Schädelschale

(tib.: *thod pa*)

Menschliche Hirnschale, Blei
Höhe: ca. 8 cm; Längsdurchmesser: ca. 18 cm
19.–20. Jh.
Ost-Tibet
(Inv.-Nr. 8682)
Sammlung Gordon T. Bowles

In den Riten der Gottheiten des heroischen und zornigen Typus verwendetes Kultgerät zur Darbringung des sogenannten „Inneren Opfers" (tib.: *naṅ mchod*). Es handelt sich dabei um Libationsopfer, meist Alkoholika, seltener Tee, die unter Beigabe von konsekrierten Pillen (tib.: *bdud rtsi ril bu*) nach Durchführung eines „Wandlungs"-Ritus (tib.: *byin rlabs*) als „Weisheits-Nektar" (tib.: *ye śes kyi bdud rtsi*) dargebracht wurden.

Kalotten, deren Kranznaht (*sutura coronalis*) – wie bei dem abgebildeten Objekt – nicht bis an den Rand der anzufertigenden Schale reichte, wurden als „Schädel aus einem Stück" (tib.: *thod pa dum bu gcig*) bezeichnet und als besonders wertvoll erachtet.

Die Innenseite des Schädels ist mit einer Bleiblech-Verkleidung ausgelegt, deren umgeklappte Oberkante die äußere Randeinfassung der Schale bildet.

18 Gebetskette

(tib.: *phreṅ ba*)

Silber, Keramik, Türkis, Koralle
Länge: ca. 47 cm
19. Jh.
Ost-Tibet
(Inv.-Nr. 8673)
Sammlung Gordon T. Bowles

Buddhistische Gebetskette – in Gestaltung und Verwendung dem christlichen Rosenkranz ähnlich – mit 98 (von 108) Keramik- und Halbedelsteinperlen. Die tropfenförmige Abschlußperle und die auf separaten Schnüren befestigten Schubringe (zum Zählen der Zehnerpotenzen) sind aus Silberblech gefertigt.

19 Phur pa

Messing
Länge: 22,4 cm
20. Jh.
Tibet
(Inv.-Nr. 11027)
Sammlung Ernst Schäfer

Ritualwaffe zur Bannung von „Hindernisdämonen“ (tib.: *bgegs*). Das über der dreischneidigen Klinge befindliche Mittelstück ist in Form eines fünfspeichigen *Vajra* gehalten. Die Darstellung der Griffzone zeigt in vollplastischer Ausgestaltung den Kopf der zornvollen, dreigesichtigen und von einem Pferdekopf bekrönten Gottheit *Hayagrīva* (tib.: *rta mgrin;* lit.: der „Pferdenackige“).

20 Fünfspeichiger Vajra

(tib.: *rdo rje rtse lṅa*)

Messing
Länge: 10,2 cm
20. Jh.
Ost-Tibet
(Inv.-Nr. 11044)
Sammlung Ernst Schäfer

21 Neunspeichiger Vajra

(tib.: *rdo rje rtse dgu*)

Messing
Länge: 8,8 cm
19.–20. Jh.
Ost-Tibet
(Inv.-Nr. 8688)
Sammlung Gordon T. Bowles

Das Mönchsorchester

17 „Kupfertrompeten"-Instrumentalisten

18 Mönchsorchester

19 Teepause der Instrumentalisten

In der komplexen Liturgie des tibetischen *Vajrayāna*-Buddhismus kommt der Sakralmusik als wesentlichem und integralem Bestandteil des Kultaktes eine zentrale Bedeutung zu. Der musikalische Verlauf der vielfältigen rituellen Handlungen (tib.: *cho ga*) ist größtenteils durch die wechselnde Abfolge von vokalen Passagen, vor allem der Schriftrezitation (tib.: *żal 'don*), die häufig die metrische Grundlage der musikalischen Betätigung darstellt und dem orchestralen Zwischenspiel gekennzeichnet.

Bei den im klösterlichen Tagesablauf allmorgendlich und -abendlich vorgesehenen Gebetssitzungen, die im Tempel oder dem Gebetssaal des Klosters gemeinschaftlich abgehalten wurden, war die Teilnahme derjenigen Mönche obligatorisch, die über eine musikalische Spezialausbildung verfügten, durch die sie befähigt waren, als Mitglied des Instrumentalensembles oder als Chorleiter zu fungieren. Unter musikalischer Begleitung des Instrumentalensembles wurden außerdem alle religiösen Zeremonien vollzogen, die dem buddhistischen Festtagskalender und der jeweiligen Klostertradition entsprechend als besonders bedeutungsvoll erachtet wurden. Hierzu zählen beispielsweise die bestimmten Gottheiten des buddhistischen Pantheons gewidmeten feierlichen Opferriten (tib.: *sgrub mchod*), die Tanzmysterien (tib.: *'cham*), die unheilabwehrenden Riten am Ende eines Jahres (tib.: *dgu gtor; zlog pa*) und die anläßlich der Neujahrsfeierlichkeiten durchzuführenden Zeremonien. Außerhalb der Klostermauern musizierte das Mönchsorchester bei Prozessionen, Willkommensumzügen für hochstehende geistliche oder weltliche Besucher, Segnungszeremonien zur Sicherstellung einer guten Ernte und anderen ähnlichen Gelegenheiten, ferner auf Einladung durch Dorfgemeinschaften, Familien oder Einzelpersonen zur Durchführung von Geburts-, Hochzeits- und Bestattungszeremonien auch in Privathäusern.

Musikinstrumente

Die wichtigsten der im Mönchsorchester liturgisch verwendeten Musikinstrumente sind entsprechend ihrer formaltechnischen Konzeption in drei Kategorien zu klassifizieren:

1. Idiophone, das sind Instrumente, deren Material oder Klangkörper ohne Verwendung von Membranen, Saiten oder angeblasenen Luftsäulen in Schwingung versetzt wird:
a) *Dril bu* (sanskr.: *ghaṇṭā*): eine mit der linken Hand zu spielende Metallglocke mit *Vajra*-Griff (s. Katalog Nr. 25).
b) *Rol mo:* große, paarweise zu spielende Becken mit zentralem Buckel (s. Katalog Nr. 24).
c) *Sil sñan:* große, paarweise verwendete flache Becken.

2. Membranophone, das sind Instrumente, bei denen der Ton durch eine gespannte Membran oder Haut hervorgebracht wird:
a) *rṄa* ist eine große, beidseitig bespannte Trommel, die entweder in einem Rahmengestell aus Holz aufgehängt wird oder als Stieltrommel mit einem hölzernen Handgriff versehen ist. Dieses Instrument wird mit einem sichelförmigen oder zwei geraden Holzschlegeln gespielt.
b) *Ḍa ma ru* (sanskr.: *ḍamaru*): eine kleine, zweifellige, sanduhrförmige Handtrommel, deren Korpus aus Holz, Elfenbein oder zwei am Scheitel verbundenen menschlichen Hirnschalen gefertigt ist. Sie wird durch Anschlagkügelchen zum Erklingen gebracht.

(Trommel Inv.-Nr. 8684)

3. Aerophone. Der Ton dieser Instrumente wird durch eine schwingende Luftsäule erzeugt:
a) *Duṅ dkar:* ein hornähnliches Blasinstrument aus einem natürlichen Schneckengehäuse. Die Anblasöffnung ist mitunter mit einem kunstvoll verzierten Metallmundstück versehen.
b) *rGya gliṅ:* ein konisches, oboenähnliches Instrument aus Holz mit Grifflöchern und Metallmundstück (s. Katalog Nr. 22).
c) *rKaṅ gliṅ:* eine Kurztrompete, die entweder aus einem menschlichen Oberschenkelknochen oder aus Metall (meist Kupfer oder Silber) gefertigt ist (s. Katalog Nr. 28).
d) *Duṅ chen* oder *Duṅ dmar:* eine Langtrompete aus Metall (s. Katalog Nr. 23)

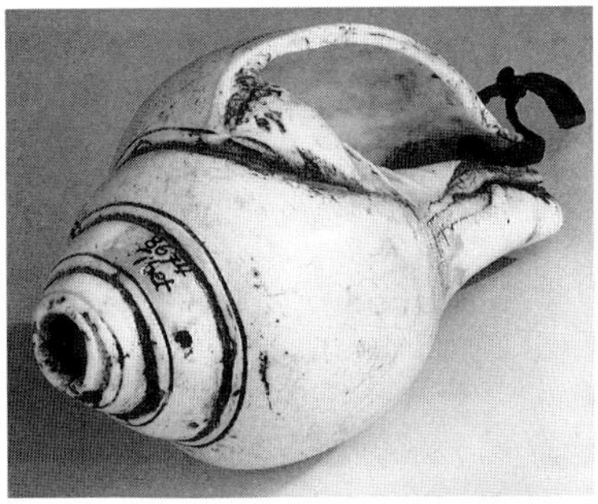
(Inv.-Nr. 8674)

Besetzung und Anordnung des Instrumentalensembles

Zur Standardbesetzung eines vollständigen klösterlichen Orchesters gehörten im allgemeinen die folgenden Musikinstrumente: eine oder mehrere Glocken, eine *Ḍa ma ru*-Trommel, je ein Paar *Röl mo*- und *Sil sñan*-Becken, je zwei identische Blasinstrumente des Typus *rGya gliṅ, rKaṅ gliṅ, Duṅ chen* und *Duṅ dkar* sowie ein oder zwei *rṄa*-Trommeln.

20 Novize mit Schneckentrompete

Im Gebetssaal des Klosters entsprach die räumliche Positionierung der einzelnen Mitglieder des Instrumentalensembles im Wesentlichen der Rangstufe, die sie innerhalb der Klosterhierarchie einnahmen. Mit Ausnahme des

Abtes (tib.: *mkhan po*) und des geistlichen Oberhauptes oder eines hohen geistlichen Würdenträgers, die auf thronähnlichen, erhöhten Sitzen unmittelbar vor oder neben dem Altar Platz nahmen, saßen sich die Musiker auf zwei rechtwinklig zum Altar parallel ausgerichteten Sitzteppichreihen gegenüber.

Dem Abt und dem geistlichen Oberhaupt des Klosters oblag die spirituelle Leitung der durchzuführenden Zeremonien. Zum Zeichen ihrer geistigen Macht war ihnen die Handhabung der symbolträchtigen Ritualgeräte *rDo rje* (sanskr.: *vajra*) und *Dril bu* (sanskr.: *ghaṇṭā*) sowie der *Ḍa ma ru*-Trommel vorbehalten. Neben dem Abt – oder ihm gegenüber – saß der für die korrekte musikalische Ausführung des Rituals verantwortliche Mönch (tib.: *dbu mdzad*). Er bestimmte einerseits Einsatz, Tempo und Ausführung der rezitierten oder gesungenen Vokalpartien als auch – durch präzise ausgeführte Schläge der *Röl mo*- oder der *Sil sñan*-Becken – Zeitmaß und Ausführung der Instrumentalpassagen. Die nächsten Plätze wurden von den Musikern der paarweise zu spielenden Aerophone *rGya gliṅ, rKaṅ gliṅ* und *Duṅ chen* eingenommen. In der Regel saßen die Musiker der identisch gefertigten Instrumentenpaare nebeneinander oder sich zu beiden Seiten der Sitzreihen gegenüber, um durch Blickkontakt eine möglichst korrekte Übereinstimmung in der Ausführung des Synchronspiels und der Klangkontinuität zu gewährleisten. An den Enden der beiden Sitzreihen nahmen die Instrumentalisten der großen *rŇa*-Trommeln Platz. Das Spiel der Schneckenhörner (tib.: *duṅ dkar*), das kein besonderes technisches Können von seiten des Instrumentalisten erfordert, oblag meist den Novizen. Sie nahmen meist die Plätze hinter oder neben den Trommelspielern ein.

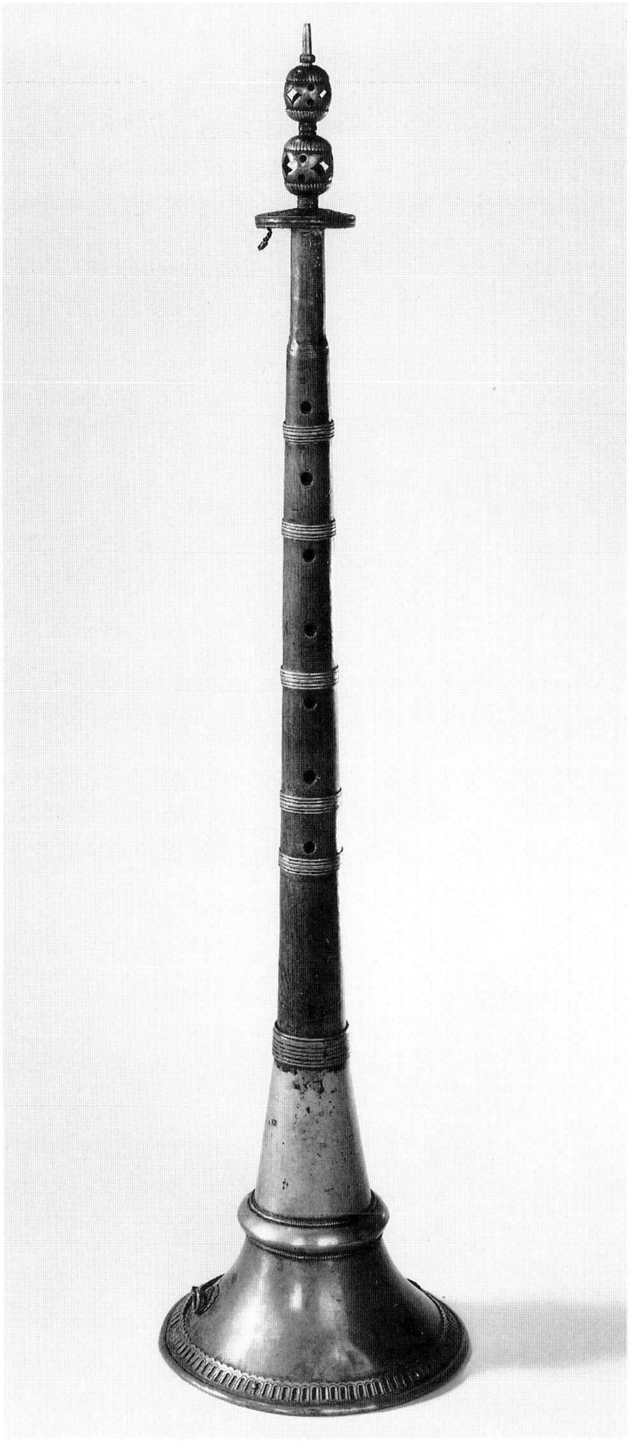

22 rGya gliṅ

Holz (Korpus); Messing, Kupfer (Schalltrichter, Mundstück, Korpusringe)
Länge: 62,5 cm
20. Jh.
Ost-Tibet
(Inv.-Nr. 8686 a)
Sammlung Gordon T. Bowles

Im Mönchsorchester paarweise spielendes oboeähnliches Doppelrohrblatt-Aerophon mit sieben in gleichen Abständen voneinander entfernten Fingergrifflöchern und einem gegenüberliegenden Griffloch für den Daumen. Der Schalltrichter trägt schlichtes Bogendekor; die vom Korpus durch eine Kupferblechscheibe abgesetzte Rohrblatthalterung ist in Form zweier rautenförmig durchbrochener Ellipsoiden gehalten.

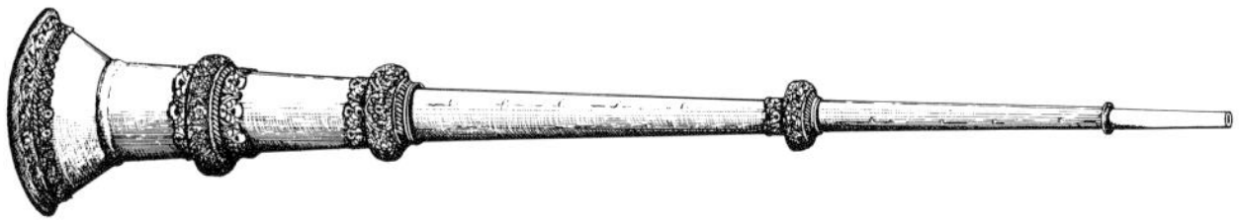

23 „Kupfertrompete"

(tib.: *duṅ dmar* oder *duṅ chen*)

Kupfer, Silber
Länge: 160 cm; ∅ des Schalltrichters: 22,5 cm
20. Jh.
Zentral-Tibet
(Inv.-Nr. 11064 a, b, c)
Sammlung Ernst Schäfer

Trompetenartiges Aerophon aus drei ineinander verschiebbaren, konisch verlaufenden Kupferblechröhren (daher die tib. Bezeichnung *duṅ dmar* „rote Trompete"). Der Schalltrichter und die Verbindungszonen des ersten und zweiten Rohrteils tragen Silberblechbeschläge mit getriebenen und punzierten Verzierungen im Blüten- und Rankendekor.

24 Rol mo-Becken

Messing; Leder (Haltegriff)
∅: je 33 cm; Höhe: je 8,7 cm
20. Jh.
Zentral-Tibet
(Inv.-Nr. 11065, 11066)
Sammlung Ernst Schäfer

Paarweise in horizontaler Haltung mit vertikalem Anschlag zu spielendes Idiophon. Im Gegensatz zu den flachen, helltönenden *Sil sñan*-Becken haben *Rol mo*-Becken einen zentralen Buckel sowie einen leicht aufgebogenen Rand und zeichnen sich durch einen tiefen, langanhaltenden Ton aus.

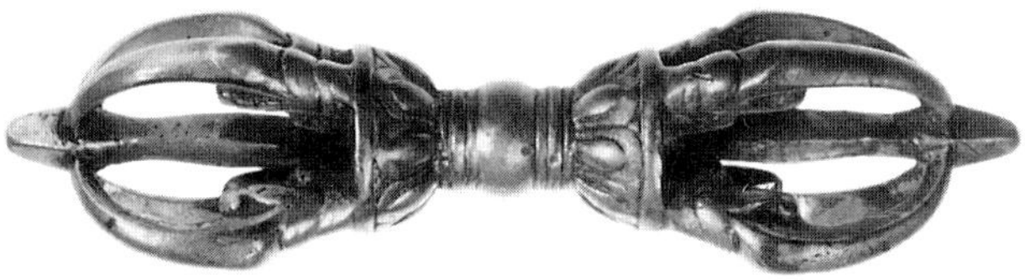

25 Vajra (tib.: *rdo rje*) und Ghaṇṭā (tib.: *dril bu*)

Vajra: Messing
Länge: 13,2 cm
(Inv.-Nr. 8689)

Ghaṇṭā: Bronze (Korpus), Messing (Griff), Eisen (Klöppel)
Höhe: 17,4 cm; ∅ : 9,2 cm
(Inv.-Nr. 8687 a)

19.–20 Jh.
Ost-Tibet
Sammlung Gordon T. Bowles

Satz von Kultgeräten, bestehend aus einem fünfspeichigen *Vajra* (tib.: *rdo rje tse dgu*) und einer *Ghaṇṭā*-Glocke mit fünfspeichigem *Vajra*-Griff für den rituellen Gebrauch durch den zeremonienleitenden „*Vajra*-Meister" (sanskr.: *vajrācārya*; tib.: *rdo rje slob dpon*). In der Symbolik des esoterischen *Vajrayāna*-(lit.: „*Vajra*-Fahrzeug") Buddhismus steht der *Vajra* für das männliche Prinzip, die „Methode" (sanskr.: *upāya*; tib.: *thabs*), die „Unzerstörbarkeit" u.a.m. Die *Ghaṇṭā* mit ihrem „alldurchdringenden" Klang steht u.a. für das weibliche Prinzip, das „Höchste Wissen" (sanskr.: *prajñā*; tib.: *śes rab*) und die „Leerheit" (sanskr.: *śūnyatā*; tib.: *stoṅ pa ñid*).

26 Teekanne

(tib.: *ja zo* oder *ja rgyun zo ba*)

Holz, Kupfer, Messing
Höhe: 28,5 cm, ∅ : ca. 13,5 cm
19.–20. Jh.
Ost-Tibet
(Inv.-Nr. 8756)
Sammlung Gordon T. Bowles

Kanne für den Gebrauch im Kloster zum Ausschank von Tee an die Mönchsversammlung in den hierfür vorgesehenen Pausen während gemeinschaftlich abgehaltener Zeremonien.

Die auf der Außenseite des Holzkorpus in flachen Messingbeschlägen verankerten Kupferblechreliefs zeigen die Darstellungen der buddhistischen „Acht Glückssymbole". Die Mitte des Kannendeckels ist mit einer plastisch ausgestalteten stilisierten Lotosblüte verziert.

(Inv.-Nr. 14706)

27 Satz von Instrumenten für den *gCod*-Ritus

siehe Farbtafel 27, Seite 44

Handtrommel:	Holz, ungegerbte Tierhaut (Korpus); Leder, Baumwolle, Seide, Brokat, Koralle, Schneckengehäuse, Aluminium (Griff, Klöppel und Anhänger) ∅: 17,3 cm Länge des Anhängers: 72 cm
Glocke:	Bronze (Klangkorpus); Messing (Griff); Eisen (Klöppel) Höhe: 14,5 cm
Futteral:	Filz, Baumwolle, Cordstoff, Leder, Metallknöpfe Trommelfutteral ∅: 18,5 cm Höhe des Glockenfutterals: 16,5 cm

20. Jh.
(Inv.-Nr. 10998 a, b, c)
Tibet
Sammlung Ernst Schäfer

Dieser Ritualgerätesatz besteht aus einer sanduhrglasförmigen, doppelseitig bespannten Handtrommel (tib.: *gcod ḍam* oder: *ḍa ma ru*; sansk.: *ḍamaru*), einer Ritualglocke (tib.: *dril bu*) mit fünfspeichigem *Vajra*-Griff und den dazugehörigen Futteralen.

Zusammen mit einer *rKaṅ-gliṅ*-Trompete (vgl. Katalog Nr. 28), die aus einem menschlichen Oberschenkelknochen gefertigt wurde, fanden die hier abgebildeten Instrumente bei der Durchführung des *gCod*-Ritus Verwendung.

Das *gCod*-Ritual bezieht seine philosophisch-theoretische Grundlage aus der indischen *Prajnāpāramitā* („Vervollkommnung der Weisheit")-Literatur und setzt sich zum Ziel, den spekulativ und emotional gefärbten Prozeß des „Denkens" (tib.: *rnam rtog*) gänzlich „abzuschneiden" oder zu „durchtrennen" (tib.: *gcod*). Hierzu rief der *gCod*-Praktizierende in meditativ-bildhafter Vorstellung (Visualisierung) die zahlreiche Schar der von ihm zunächst durchaus als real existierend empfundenen „Götter und Dämonen" (tib.: *lha 'dre*) an und bot ihnen den eigenen Körper als Speise dar. Die Auseinandersetzung mit den hieraus resultierenden Ängsten und halluzinativen Trugbildern sollte der Einsicht zum Durchbruch verhelfen, daß in Wirklichkeit nicht nur die Vorstellung der dämonischen Scheinmächte, sondern darüber hinaus auch jede andere emotionale und denkende Tätigkeit einer objektiven Grundlage entbehre.

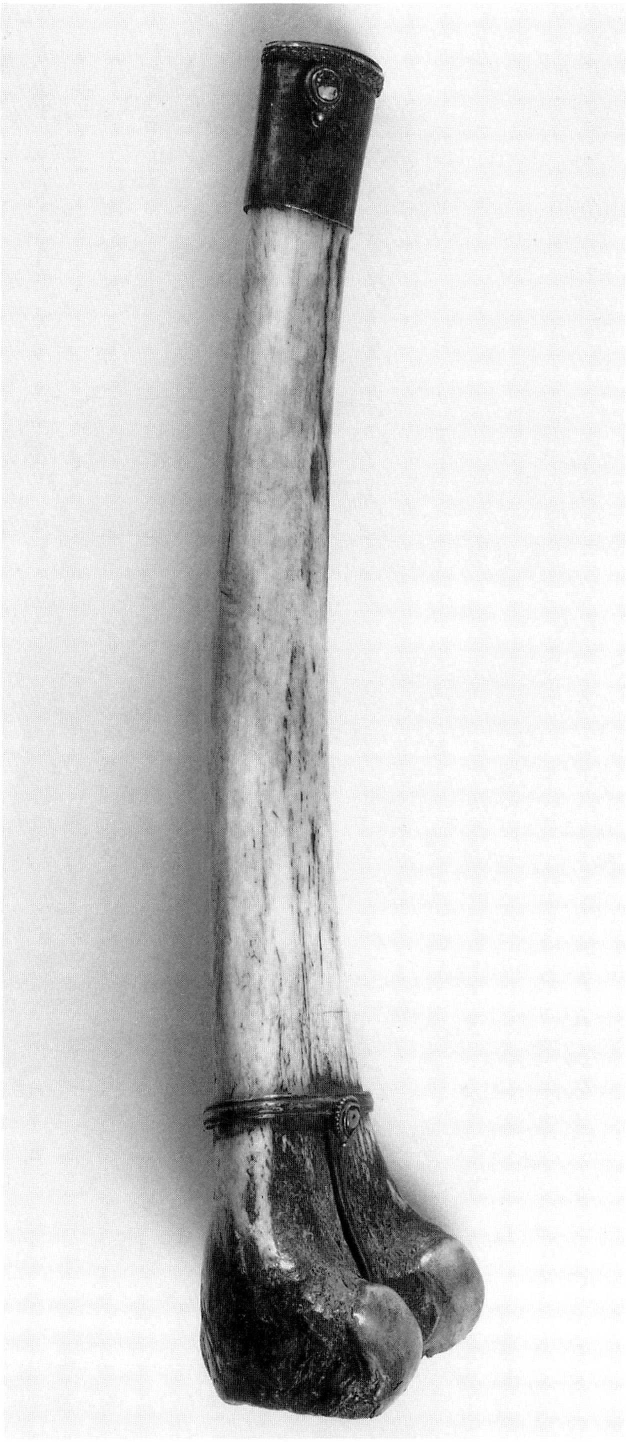

28 „Knochentrompete"

(tib.: *rkaṅ gliṅ*)

Menschlicher Oberschenkelknochen; Kupfer, Türkis, Koralle
Länge: ca. 29 cm
20. Jh.
Tibet
(Inv.-Nr. 11011)
Sammlung Ernst Schäfer

Im Mönchsorchester paarweise zu spielendes Aerophon. Häufig wurden im Orchester jedoch anstelle echter Knochentrompeten kunstvoll verarbeitete Metallrepliken verwendet. Der vorliegende *rKaṅ gliṅ*-Typus fand überwiegend bei der Durchführung des *gCod*-Ritus Verwendung.

Die Anblasöffnung des Instruments ist mit einer Kupferblechhülle verkleidet. Um den Gelenkansatz des Knochens ist eine schmale, aus Kupferblech gefertigte Vorrichtung zur Befestigung eines Transportriemens angebracht.

Masken

21/22 Maskenherstellung im Kloster *Sa skya*

Über den Ursprung des im gesamten tibetischen Kulturgebiet verbreiteten Maskenkultes und die Entstehungsgeschichte der buddhistischen Maskentanzmysterien (tib.: *'cham*) ist wenig bekannt. Es scheint jedoch gesichert, daß die religiösen Vorstellungen, die der Maskenverehrung in Tibet zugrunde liegen, nicht auf originär buddhistisches Gedankengut zurückzuführen sind, sondern vielmehr in den animistischen Anschauungen der vorbuddhistischen *Bon*-Religion zu suchen sein dürften. Aller Wahrscheinlichkeit nach wurde die Maskenverehrung wie auch andere vorbuddhistische Elemente erst im Zuge der Aufnahme von *Bon*-Gottheiten in die niederen Ränge des buddhistischen Pantheon in die buddhistische Kultpraxis integriert. Nach volkstümlicher wie auch nach traditionell-buddhistischer Auffassung gelten Gesichtsmasken als zeitweiliger oder dauernder Aufenhaltsort für Gottheiten des buddhistischen Pantheons oder für niedere Götter und Geister, die durch einen in speziellen Bann- und Anrufungsriten erfahrenen Lama in sie hineingebannt wurden.

Gesichtsmasken wurden häufig aus mehreren Lagen Pappmaché und Stoff hergestellt, die über einem Tonkern modelliert wurden. Daneben gab es aber auch solche, die aus Holz, Metall oder Leder gefertigt waren. Nach Fertigstellung des Korpus wurde die Maske unter strenger Beachtung der ikonographischen Vorschriften sorgfältig bemalt. Bevor sie ihrer kultischen Verwendung zugeführt werden konnte, mußte die Maske durch besondere Reinigungs- und Einsegnungsriten geweiht werden.

Maskentanz

Die Durchführung von klösterlichen Kulttänzen (tib.: *'cham*) erfolgte meist im Rahmen und als festlicher Abschluß von *Maṇḍala*-Ritualen (tib.: *dkhyil chog*). Diese äußerst komplexen und meist 3–6 Wochen währenden Zeremonien des *Vajrayāna*-Buddhismus beinhalten u. a. die Anrufung und Beopferung einer oder mehrerer „Hauptgottheiten" (tib.: *gtso bo*) und deren Begleiter sowie die an sie gerichtete Aufforderung zur Ausführung verschiedener „Aktivitäten" (tib.: *'phrin las*), wie beispielsweise die Abwehr von Unheil oder die Vermehrung von religiösem Verdienst und spiritueller Einsicht. Kraft der im Verlauf der Ritualhandlungen von den Mönchen durchgeführten meditativen Versenkung nahmen die Tänzer mit dem Anlegen der Masken, der – meist aufwendig verarbeiteten – Tanzkostüme und Handattribute (z. B. *Vajra*, *Ghaṇṭa*, *Ḍamaru* oder verschiedene Waffen) in ihrem Selbstverständnis die Identität der Gottheiten an, die sie darzustellen hatten. Es steht außer Frage, daß ein derartiges Rollenverständnis neben den technischen Erfordernissen der korrekten Beherrschung genauestens vorgeschriebener Tanzschritte und ritueller Handgebärden (tib.: *phyag rgya;* sanskr.: *mudrā*) auch besondere Anforderungen an die kontemplativ-geistigen Fähigkeiten der Tänzer beinhalte. Die Rollen der wichtigeren Gottheiten wurden daher immer von geistig hochstehenden Lamas, der Part der Hauptgottheit oft vom Abt des Klosters übernommen.

23 Bemalung der fertiggestellten Masken durch den Handwerksmeister

Zu den wichtigsten der in den – je nach Klostertradition und Schulzugehörigkeit variierenden – Tanzmysterien dargestellten Hauptgottheiten gehören die mächtige, schwarze Schutzgottheit *Mahākāla* (tib.: *nag po chen po; mgon po*), die stierköpfigen Gottheiten *Yama* (tib.: *gśin rje*) und *Yamāntaka* (tib.: *gśin rje gśed*), die mit einem Ritualdolch ausgestattete, zornvolle Gottheit *Vajrakīla* (tib.: *rdo rje phur pa*) sowie auch die acht Manifestationen des „Kostbaren Lehrers" (tib.: *gu ru rin po che*) *Padmasambhava* (tib.: *pa dma 'byuṅ gnas*). Die Masken der Begleiter stellten häufig tierköpfige Gestalten, Kriegs- und Ortsgottheiten dar.

Außerhalb der Zeiten, da man die Masken zur Durchführung der Tanzmysterien benötigte, wurden sie im Sanktuarium der Schutzgottheiten (tib.: *mgon khaṅ*), einem meist mit schreckenserregenden Fresken bemalten, düsteren Raum, als Verehrungsobjekte aufbewahrt. Ein oder mehrere eigens hierzu bestimmte Mönche brachten dort den Schutzgottheiten und deren „Behältnissen (tib.: *rten*) – den Masken, Statuen und Bildnissen – Opfergaben dar und erbaten ihren Schutz und Segen für das Kloster und die Gemeinde.

„Geistermasken"

Außer den Tanzmasken der hochrangigen buddhistischen Gottheiten, die als heilige Objekte verehrt wurden, waren in der Kapelle der Schutzgottheiten oder einem separaten Raum auch die Gesichtsmasken von niederen Ortsgottheiten und Geistern – teils vorbuddhistischen Ursprungs – untergebracht, die als Träger negativer Wirkkräfte oder zumindest potentiell als unheilbringend galten:

24/25 Szenen eines buddhistischen Tanzmysteriums

„In einem anderen Raum des Klosters bewahrt man die Masken auf, in die die übelwollenden Geister gebannt wurden. Auch sie sind von verschiedener Größe und von unterschiedlichem Material; manche sind zusätzlich mit Stoffkörper, Kleidung und verschiedenen Attributen versehen. Auch diese Geister, die mit besonderen Riten in die Masken gebannt wurden, werden

26 Masken im Tempel
der Schutzgottheiten
eines westtibetischen Klosters

rituell bedient. Hierzu bestimmte Mönche bringen ihnen Opferkuchen, Wasser- und Räucheropfer und erinnern sie zeremoniell an ihre Versprechungen, nichts Böses mehr zu tun, wie sie es gelobt haben, als sie in die Masken gebannt wurden. Bei den Bagmos vom Sakya-Kloster handelt es sich um böse weibliche Geister, deren Masken zum Schutz an Wänden und Säulen angekettet wurden. Die gefährlichsten dieser Geister nimmt der Oberste Lama mit, wenn er sich auf eine längere Reise begibt. Zu diesem Zweck werden die Geister von ihren ständigen Masken in kleinere Masken konzentriert, die in ein Amulettkästchen gelegt werden. Das Kästchen wird in dem Haus oder Zelt, in dem sich der Lama auf der Reise aufhält, an einer Säule oder Stange angebunden."
Tsering Tashi Thingo in: Der Weg zum Dach der Welt, S. 355–56.

29 Maske einer zornvollen Gottheit

Holz, Farbe
Höhe: ca. 40 cm
20. Jh.
Sikkim oder Nepal
(Inv.-Nr. 10981)
Sammlung Ernst Schäfer

Schlichte Holzmaske – in ihrer Ausgestaltung typisch für die im Himalayagebiet hergestellten Masken – mit der Darstellung des Gesichts einer dreiäugigen, mit einem Schädel-Diadem bekrönten, zornvollen Gottheit, möglicherweise einer Erscheinungsform der mächtigen „Schutzgottheit" (tib.: *sruṅ ma*) *Mahākāla* (tib.: *nag po chen po* oder *mgon po*).

30 Büffelmaske

(tib.: *ma he'i żal 'bag*)

Höhe: ca. 27 cm
Kupfer, Farbe
19.–20. Jh.
Ost-Tibet
(Inv.-Nr. 8702)
Sammlung Gordon T. Bowles

In Treibtechnik gefertigte und entsprechend der ikonographischen Richtlinien bemalte Metallmaske mit der Darstellung einer dreiäugigen, büffelgesichtigen Gottheit. Die für diesen Maskentypus traditionell vorgeschriebenen und hier vermutlich separat angefertigten langen, spitz zulaufenden Hörner und ein Schädeldiadem sind verlorengegangen.

Träger von Büffelkopfmasken traten in den tibetischen Maskentanz-Mysterien (tib.: *'cham*) als Darsteller von Begleitgottheiten im Gefolge des Totengottes *Yama* (tib.: *gśin rje*) auf. Das abgebildete Objekt dürfte jedoch aufgrund des verwendeten Materials nicht als Tanzmaske, sondern als – im Sanktuarium der Schutzgottheiten (tib.: *mgon khaṅ*) zu verwahrender – Kultgegenstand Verwendung gefunden haben.

31 Maske des Pe har

(Abguß)

Gips (?), Farbe
Höhe: ca. 84 cm
19. Jh.
West-Tibet
(Inv.-Nr. 745)
Sammlung Gebr. Schlagintweit

Originalgetreu bemalter Maskenabguß mit der Darstellung einer braunen Erscheinungsform des *Pe har,* der als Schutz und Orakelgottheit insbesondere von den Mitgliedern der *rÑiṅ ma pa-* und *dGe lugs pa*-Schule verehrt wird.

32 Maske einer lokalen Gottheit

(Abguß)

Gips (?), Farbe
Höhe: ca. 79 cm
19. Jh.
West-Tibet
(Inv.-Nr. 747)
Sammlung Gebr. Schlagintweit

Maskenabguß mit der Darstellung einer nicht identifizierten, lokal verehrten Gottheit. Sie trägt den für niedere, autochthone Gottheiten charakteristischen *Thod*-Hut mit turbanartiger Einfassung auf dem Kopf.

33 *bDud*-Maske

(Abguß)

Gips (?), Farbe
Höhe: ca. 77 cm
19. Jh.
West-Tibet
(Inv.-Nr. 748)
Sammlung Gebr. Schlagintweit

Bemalter Abguß einer Tanzmaske mit der Darstellung einer niederen, weiblichen Gottheit aus der Klasse der *bDud*-Dämonen. Die Originalmaske fand in einer Szene des tibetanischen Tanz-Mysteriums (tib.: *'cham*) Verwendung, in der die mit der Verbreitung des Bhuddismus einhergehende Unterwerfung der autochthonen Götter dramatisiert wurde.

Der bäuerliche Haushalt

27/28 Küche eines Bauernhofs in Lhatse (*lHa rtse*)

Die bäuerliche Bevölkerung Tibets (rund 50% der Gesamtbevölkerung) betrieb in der Regel gemischte Wirtschaft (Bodennutzung und Viehhaltung). Neben verschiedenen Arten von Gerste, die das Hauptanbauprodukt war, umfaßte die landwirtschaftliche Nutzung auch den Anbau der Kulturpflanzen Buchweizen, Erbsen, Bohnen, Hirse, Rüben, Rettiche, Kartoffeln, Weizen und Senfkorn. Als Nutztiere wurden Yaks, Hausrinder, Schafe und Ziegen, im Bezirk *Koṅ po* auch Schweine gehalten. *Dzo-mo*-Rinder, die weiblichen Kreuzungsprodukte von Yak und Hausrindkuh, galten als besonders gute Milchlieferanten.

Die meist in windgeschützten Terrassen der fruchtbaren Flußtäler liegenden bäuerlichen Ansiedlungen und Einödhöfe sind fast immer von einem hohen Steinmauerring umgeben. Innerhalb dieser Umgrenzung befinden sich die Wohnanlagen, in großen Gehöften auch separate Stallungen für das Vieh. Die Fenster- und Galerieseite der Wohnhäuser ist meist nach Süden ausgerichtet, um so eine optimale Nutzung des Sonneneinfalls zu erzielen.

Die Konstruktionsweise und die Raumaufteilung der Wohnhausanlagen variieren je nach regional vorhandenem Baumaterial und Finanzkraft des Bauherrn stark. Neben einstöckigen, um einen zentralen Innenhof angelegten Häusern mit Lehmziegelmauern finden sich drei- und mehrstöckige Anlagen mit massiven Außenmauern aus Stein. Das Dach und die Zwischendecken im Hausinneren ruhen jedoch fast ausnahmslos auf einer verzapften Säulen- und Balkenkonstruktion aus Holz.

Die Aufteilung der Räumlichkeiten eines tibetischen Bauernhauses sei hier am Beispiel eines schlichten dörflichen Bauerngehöftes im tibetischsprachigen nordwestnepalesischen Bezirk *Dolpo* erläutert (nach Jest 1975, p. 78–80):

Das Erdgeschoß (tib.: *'og khaṅ*) wird im allgemeinen nicht bewohnt. Dort befinden sich zwei bis drei Viehpferche (tib.: *ra*) und ein Vorratsraum für Salz (tib.: *tshva khaṅ*). Im ersten Stock (tib.: *bar khaṅ*), der über einen stufenförmig behauenen Holzstamm (tib.: *skras pa*) zu erreichen ist, befinden sich ein oder mehrere Lagerräume (tib.: *'bru khaṅ* oder *nor khaṅ*) zur Aufbewahrung der

34 „Kupferteekanne" (tib.: *zaṅs ldir*) mit Wärmebecken (tib.: *me phor*)

Kupfer, Messing
Höhe: 21,5 cm (Kanne); 29,5 cm (Stövchen)
20. Jh.
Sikkim
(Inv.-Nr. 11057 ‹Kanne›; 11056 ‹Stövchen›)
Sammlung Ernst Schäfer

Teekanne mit geschwungener Tülle, abgestufter, sich nach oben verbreiternder Eingußöffnung und einem zweistufigen Deckel, der durch eine Kette mit dem Kannenhenkel verbunden ist. Auf der Schulterzone ist ein im Lotosblattdekor gehaltener Messingbeschlag angebracht.

Das auf einem hohen Fuß stehende, henkeltopfartige Wärmebecken trägt eine T-förmig durchbrochene Standvorrichtung für die Kanne. Die in Treibtechnik gefertigten, teils verzahnten Einzelteile beider Objekte sind verlötet.

Im Haushalt wurden diese Gerätschaften zum Warmhalten von unmittelbar für den Genuß bestimmten Tees verwendet. Das Wärmebecken wurde mit Holzkohle oder Dung befeuert.

35 Branntweinbehälter in Krötenform

(tib.: *a rag sbal bum*)

Bronze
19.–20. Jh.
Höhe: ca. 30,5 cm
Ost-Tibet oder China
(Inv.-Nr. 8755)
Sammlung Gordon T. Bowles

Im Sand- oder Kastengußverfahren hergestellte Flasche in Krötenform von ovalem Querschnitt. Zwei anstelle von plastisch ausgearbeiteten Vorderfüßen seitlich angebrachte Ösenbügel und zwei rechteckige Öffnungen im Fuß des Behälters dienen zur Befestigung eines Transportriemens.

In solchen Flaschen, die oft einen Bestandteil der Reiseausstattung bildeten, wurde – zumeist aus vergorenem Gerstensud destillierter – Branntwein aufbewahrt.

„Krötenflaschen" wurden aus China importiert; das abgebildete Objekt stammt möglicherweise aus der Gegend um *Xining* (West-China).

36 Teekanne mit Trinkschale

Kanne: Holz, Messing
Höhe: ca. 20,5 cm
20. Jh.
Ost-Tibet (?)
(Inv.-Nr. 8758)
Sammlung Gordon T. Bowles

Schale: Holz, Silber
Höhe: 7,5 cm; ∅: 16,8 cm
20. Jh.
Tibet
(Inv.-Nr. 11055)
Sammlung Ernst Schäfer

Gedrungene, bauchige Holzkanne mit Schnabeltülle und ornamentalen, teils durchbrochenen Messingbeschlägen. Die silberblechverkleidete, sogenannte „Maserkropf-Schale" (tib.: *lba phor*) wurde aus dem geflammt gemaserten Holz eines Baumauswuchses (tib.: *lba*) gefertigt.

Abb. a

Abb. b

37 Tsampa-Dose

(tib.: *rtsam phor*)

Holz, Farbe
Höhe: 12,5 cm; ∅: 16 cm
20. Jh.
Ost-Tibet
(Inv.-Nr. 8779)
Sammlung Gordon T. Bowles

In stilisiertem Lotosblattdekor bemalter Behälter mit zweistufigem, strahlenkreuzartig bemaltem Deckel zur Aufbewahrung von geröstetem Gerstenmehl (tib.: *rtsam pa*).

38 Zwei Rindenschalen

Abb. a: Birkenrinde, Holz
ca. 23,5 × 8 × 15 cm
Abb. b: Birkenrinde; Yak-Haar (Faden)
ca. 15,5 × 7 × 9,5 cm
20. Jh.
Ost-Tibet
(Inv.-Nr. 8722 ‹Abb. a›; 8723 ‹Abb. b›)
Sammlung Gordon T. Bowles

Zwei schlichte Schalen zur kurzfristigen Aufbewahrung von Butter.

39 „Messingkelle"

(tib.: *rag lcog*)

Messing, Kupfer
Länge: 45,5 cm; ⌀ des Kellenlöffels: 12,2 cm
19.–20. Jh.
Ost-Tibet
(Inv.-Nr. 8711)
Sammlung Gordon T. Bowles

Schöpfkelle für Wasser und Tee. Der mit Kupferblech beschlagene Kellenstiel trägt schlichten Ranken- und Blütenkelchdekor; der verbreiterte Griff ist mit einer reliefartig hervortretenden Darstellung von flammenden „Wunscherfüllenden Juwelen" (tib.: *yid bźin nor bu*) verziert.

40 Eßbesteck

Silber; Stahl (Klinge); Bambus
Länge des Sets: 30,5 cm
20. Jh.
Tibet
(Inv.-Nr. 11001)
Sammlung Ernst Schäfer

Zusammensetzbares Set, bestehend aus einem „Messer im chinesischen oder mongolischen Stil" (tib.: *rgya gri 'am sog gri*), zwei Eßstäbchen und einer Aufbewahrungshülse. Das Silberfutteral sowie die Griffe von Messer und Stäbchen sind mit getriebenem Ranken-, Blüten- und „Wunschedelstein"-Dekor verziert.

Getreide- und Gerstenbiervorräte, der Alltagskleidung und der Festgewänder. Auf demselben Stockwerk liegt die Hauskapelle (tib.: *lha khaṅ* oder *mchod khaṅ*), die einen Schrein mit den traditionellen Verehrungsobjekten und Opfergaben enthält und die Küche (tib.: *thab tshaṅ*). Sie dient zugleich als Aufenthalts-, Wohn- und Schlafraum und stellt somit das Zentrum des häuslichen Lebens dar. Eine weitere Einbaumleiter führt von dem vor der Küche gelegenen Treppenflur auf die flache Dachterrasse (tib.: *steṅ kha*). Sie wird zum Trocknen des Saatgetreides und des Heus genutzt, das dort entweder ausgelegt oder auf hölzernen Trockengestellen aufgeschichtet wird. Die Dachkonstruktion ist in einem leicht zur Hausrückseite abfallenden Neigungswinkel angelegt, damit das Regenwasser abfließen kann. Im hinteren Bereich der Terrasse (meist in der Nordostecke) befindet sich ein rückseitig von einer Steinmauer begrenzter, laubenartiger Verschlag (tib.: *g.yab*), in dem die Heu-, Stroh- und Reisigvorräte aufbewahrt werden.

Die Küche

29 Küche in einem ladakhischen Privathaushalt

Im Mittelpunkt der bäuerlichen tibetischen Küche steht der Herd (tib.: *thab*). In bescheiden ausgestatteten Haushalten besteht die Herdstelle unter Umständen nur aus einer von schmalen Lehmmäuerchen begrenzten Bodenvertiefung von quadratischem Grundriß, in deren Mitte sich ein auf drei Lehmziegeln ruhender gußeiserner Dreifuß (tib.: *lcags sgyid bu*) befindet. Wohlhabendere Haushalte besitzen meist einen sorgfältig gemauerten Ofen aus Steinen und Lehm, dem etwas Häcksel beigemengt ist. Er ist von kistenartiger Form mit länglich-rechteckigem Grundriß. In der glatten oder stufigen Deckplatte aus Lehm, die in einem zur Ofenrückseite hin leicht ansteigenden Neigungswinkel verläuft, befinden sich als Kochstellen mindestens eine, meist aber mehrere runde Öffnungen (tib.: *thab sgo*). Im unteren Bereich der Front- oder Seitenmauern sind zwei bogenförmige Befeuerungsöffnungen (tib.: *thab khug*) ausgespart. Der vor ihnen liegende Bereich des Fußbodens – der „Vorhof" (tib.: *go rva*) – ist von einem schmalen Stein- oder Lehmwällchen halbkreisförmig umfriedet. Hier wird die Asche aufgefangen.

Der Herd wird mit Holz und Reisig befeuert. In holzärmeren Gegenden dient getrockneter Viehdung als Brennmaterial. Da der tibetische Lehmofen in aller Regel keinen eigenen Schornstein oder Rauchfang hat – der Rauch zieht über die Fenster und Oberlichter des Hauses ab –, sind die Wände und das Inventar der Küche meist rußgeschwärzt.

Außer den Utensilien, die der Erzeugung des häuslichen Herdfeuers dienen (Brennmaterial, Blasebalg), werden in der Nähe des Herdes auch jene Hausratsgegenstände aufbewahrt, die für die Zubereitung der Mahlzeiten und des täglich in großen Mengen herzustellenden Buttertees (tib.: *bod cha;* zur

Zubereitung s. Katalog Nr. 55) benötigt werden: Wasser- und Teekessel, Eimer für Wasser und Milch (tib.: *zo ba*), Tee-, Wasser- und Suppenkellen (tib.: *skyogs* oder *lcog*), mit geröstetem Gerstenmehl (tib.: *rtsam pa*) gefüllte Ledersäcke, Spanschachteln oder Holzdosen zur Aufbewahrung von Butter, eine Salztruhe (tib.: *tshva sgam*), Wärmebecken (tib.: *me phor*) und Kannen zum Warmhalten des Tees und ein Metall- oder Holzzylinder (tib.: *doṅ mo*) zum Emulgieren des Buttertees.

Auf hölzernen Regalgestellen, die in vielen Haushalten die gesamte Küchenrückwand einnehmen, sind meist die folgenden Hausratsgegenstände untergebracht: Teller (tib.: *sder ma*) aus Holz und Metall, Kannen für Tee und Bier (tib.: *ltir* oder *lti ri*), hölzerne Eß- und Trinkschalen (tib.: *phor ba*), Porzellanschalen (tib.: *kar yol*) sowie ein Getreidemaß (tib.: *bre*) aus Holz und weitere Kessel und Töpfe. Löffel (tib.: *thur ma*), Siebe (tib.: *ko chag*) und Kellen werden fast immer an den Regalbrettern hängend aufbewahrt.

30 Tibetische Familie bei der *rTsam pa*-Herstellung

Nahrungsmittelzubereitung

Die Grundlage vieler tibetischer Speisen ist Getreidemehl. Der Begriff *rTsam pa* ist die Bezeichnung für jede Mehlart, die aus gerösteten Getreidekörnern (tib.: *yos*) hergestellt wird, im allgemeinen ist jedoch Mehl aus gerösteter Gerste damit gemeint. Mit Buttertee oder Wasser und etwas Butter zu einem festen Teig vermengt, ist *rTsam pa* eine sättigende und nahrhafte Speise. Diesem Teig, *sPag*, wird mitunter auch Zucker und Trockenkäse beigemengt. *rTsam thug* ist ein einfaches Suppengericht: Das Gerstenmehl wird mit Butter und Salz in Wasser aufgebrüht. Als Einlagen sind Trockenfleisch, Käse oder Gemüse üblich.

Aus ausgerolltem Mehlteig werden *Kri mog mog*, die meist blütenförmigen gedämpften Brötchen und *Kha zas*, das in ornamentalen Formen verschlungene und in schwimmender Butter ausgebackene traditionelle Neujahrsgebäck hergestellt. Aus Buchweizenmehl und Buttermilch bereitet man *Dro bo'i khu ra*, ein pfannkuchenähnliches Gericht. Die Blätter des Buchweizens werden mit einer Soße aus Yoghurt, Honig, Knoblauch, Chili und Salz als eine Art Salat, *Ya sba*, zubereitet.

Milchprodukte sind ein weiterer essentieller Bestand der tibetischen Küche. Gemolken werden Kühe, *'Dri* („Yakkuh"), *Dzo mo* (Yak-Hausrind-Kreuzung), Schafe und Ziegen. Wegen ihres hohen Fettgehalts wird die Milch von *'Dri* und *Dzo mo* bevorzugt. Die Milch wird fast nie frisch oder gekocht getrunken, sondern zu Butter (tib.: *mar*), Buttermilch (tib.: *da ra*), Yoghurt (tib.: *źo*) und Frischkäse (tib.: *phyu ra rlon pa*), letzterer zu Trockenkäse (tib.: *phyu ra kam po*) weiterverarbeitet.

Fleischgerichte sind vielfältig und beliebt, gelten jedoch in weiten Teilen der Bevölkerung als Luxus. Aufgrund des buddhistischen Tötungsverbots überläßt man in manchen Gebieten West- und Zentraltibets das Schlachten gern den Angehörigen der moslemischen Minderheit. Aus demselben Grund wird häufig nur *Źi sa,* das Fleisch verendeter Tiere, verzehrt. Zubereitet wird vor allem das Fleisch größerer Tiere (Rind, Schaf, Ziege, Schwein). Der Genuß von Geflügelfleisch oder Fisch ist verpönt, da für die Zubereitung einer sättigenden Mahlzeit mehrere Tiere getötet werden müssen.

Bei der Speisezubereitung achtet man auf die Verwertbarkeit aller Teile des geschlachteten Tieres. Aus den Innereien stellt man *rGyu ma,* eine Art Blutwurst, her, oder sie werden eigens zubereitet. Ein Beispiel hierfür ist *gLo ba,* mit Teig gestopfte Lunge. Die zerkleinerten Markknochen werden mit Wasser und Gewürzen zu einer Suppe, *Rus thaṅ,* aufgebrüht.

Fleisch wird gekocht, gebraten und gegrillt zubereitet oder – in schmale Streifen geschnitten und gepökelt – durch Lufttrocknung konserviert. Kleine Stücke dieses Trockenfleisches (tib.: *śa skam po*) werden als Imbiß genossen oder dienen als Suppeneinlage.

Mog Mog – das tibetische National- und Festtagsgericht – sind gedämpfte Teigtaschen mit einer Füllung aus pikant gewürztem Hackfleisch, kleingehackten Zwiebeln, Sellerie und anderen Zutaten. Aus gehacktem Fleisch werden auch *Śa sgril* hergestellt, ölgebackene Fleischbällchen, die mit einer delikaten Pilzsoße gereicht werden. Feinzerkleinert und mit Mehl, Zwiebeln und Gewürzen vermengt, wird Fleisch als Pastete *Śa bag leb* zubereitet.

Neben den angebauten Gemüsesorten (s. o.) stellen wildwachsende Lauchgewächse, Kräuter und Pilze eine weitere Bereicherung des tibetischen Speiseplans, insbesondere bei vielen Suppengerichten, dar.

Eine spezielle Suppe mit einer Teigkloßeinlage wird am Vorabend des Neujahrstages serviert: *dGu thug,* die „Neuner-Suppe". Sie enthält mindestens neun Bestandteile; jeder der bei der Mahlzeit Anwesenden muß mindestens neun Schalen davon zu sich nehmen. Unter den Knödeln der Einlage befinden sich solche, die mit je einem von mindestens neun verschiedenen Gegenständen gefüllt sind. Je nach Inhalt des Kloßes erhält der Finder – und mit ihm alle anwesenden Familienmitglieder – nicht ganz ernst zu nehmende Auskünfte über die eigene charakterliche Beschaffenheit. So zeigt beispielsweise ein Wollfaden Faulheit an, ein weißer Stein bedeutet Langlebigkeit, ein Stück Kohle Boshaftigkeit, Chili Scharfzüngigkeit, Butter Sanftmut usw.

Unter den Getränken ist der Buttertee (zur Herstellung s. Katalog Nr. 55) mit Sicherheit das nahrhafteste und weitaus gebräuchlichste. Wohlhabende Personen tranken täglich bis zu 40 Schalen davon. *Chaṅ,* das tibetische Bier, wird aus einem vergorenen Sud, bestehend aus Gerste, Wasser, Zucker und *Phab,*

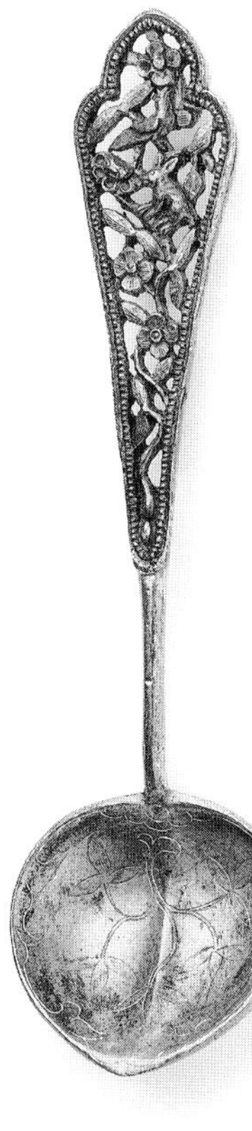

(Inv.-Nr. 11047)

einer Art Brauhefe, hergestellt. Ebenfalls Gerste, seltener Reis oder Weizen, ist das Ausgangsprodukt für die Herstellung von *A rag,* hochprozentigem Schnaps. Das zum Brennen verwendete Destillationsgerät ist von schlichter Konstruktion: Auf einen zur Hälfte mit fermentiertem Sud gefüllten Tontopf wird ein weiterer Tontopf, dessen Boden durchlöchert ist und in dem sich ein schalenförmiges Auffangbehältnis befindet, gestellt. Die Öffnung des oberen Topfes wird mit einem wassergefüllten Kupferkessel verschlossen. Beim Erhitzen des Suds kondensiert das Destillat an der wassergekühlten Unterseite des Kessels und tropft in das Auffangbehältnis.

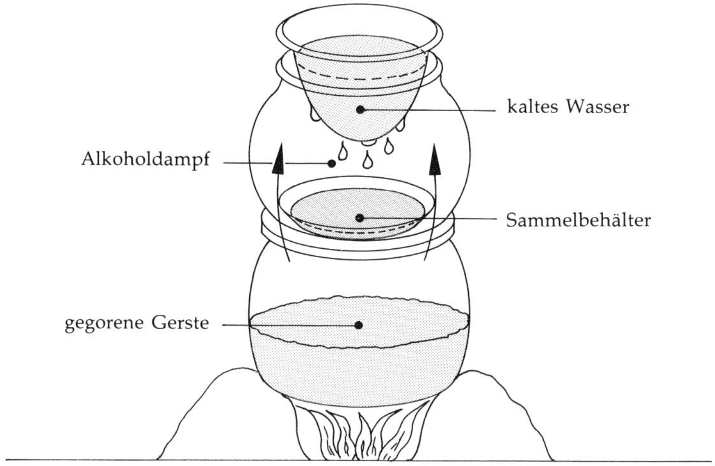

41 Tsampa-Behälter

Holz
Höhe: 13,4 cm; ∅ : 20,4 cm
20. Jh.
Ost-Tibet
(Inv.-Nr. 8774)
Sammlung Gordon T. Bowles

Aus rötlichbraunem Holz gefertigtes Gefäß mit Stufendeckel zur Aufbewahrung von geröstetem Gerstenmehl (tib.: *rtsam pa*).

42 Speisegefäßset

Holz
Höhe: 6 cm (Unterteil), 3,4 cm (Oberteil); ∅: 15,2 cm
20. Jh.
Ost-Tibet
(Inv.-Nr. 8776 a, b)
Sammlung Gordon T. Bowles

Zweiteiliges, zusammensetzbares Speisegefäßset. Das Unterteil diente meist als Teetrinkschale und als Eßgeschirr für „Tsampa-Teig". Dieser wurde unmittelbar vor dem Verzehr aus geröstetem Gerstenmehl und Butter in der Schale angerührt oder mit den Fingern geknetet. Der Schalendeckel des Sets wurde meist mit anderer fester Nahrung, wie z. B. Trockenkäse gefüllt.

43 Schnupftabakdose

Holz
Höhe: 9,2 cm; ∅: 11,3 cm
20. Jh.
Ost-Tibet
(Inv.-Nr. 8777 a, b, c)
Sammlung Gordon T. Bowles

Dreiteilige Dose, bestehend aus einem Bodenteil und einem Mittelstück mit abnehmbarem Deckel. Zwischen Bodenteil und Mittelstück wurde ein dünner Stoffstreifen als Sieb für den Tabak eingespannt, der durch die Deckelöffnung eingefüllt wurde. Nach dem Schütteln der Dose konnte der feinkörnige Schnupftabak dem Bodenteil entnommen werden.

44 „Schnupftabakhorn"

(tib.: *sna rva*)

Rinderhorn, Holz
Länge: 17,2 cm
20. Jh.
Ost-Tibet
(Inv.-Nr. 11003)
Sammlung Ernst Schäfer

Schnupftabak-Behälter aus einem ausgehöhlten Horn eines Hausrinds. Die abgefeilte, durchbohrte Spitze dient als Ausgußöffnung; die Einfüllöffnung am Hornansatz ist mit einem abnehmbaren Holzpfropfen, der durch einen Holznagel arretiert wird, verschlossen.

45 Teller

Holz
Ø: 17 cm
20. Jh.
Ost-Tibet
(Inv.-Nr. 8771)
Sammlung Gordon T. Bowles

Schlichter, gedrechselter Teller zur Darreichung von Trockenobst, Gebäck und Nüssen.

46 „Bronzekanne"

(tib.: *li ldir*)

Bronze; Messing (Tülle, Henkel)
Höhe: 27,5 cm
20. Jh.
Ost-Tibet
(Inv.-Nr. 8760)
Sammlung Gordon T. Bowles

Teekanne mit außergewöhnlich hohem, kalebassenförmigem Deckelknauf. Die Tülle ist in Form eines Seeungeheuer-Kopfes (tib.: *chu srin* oder *ma ka ra*), die Griffzone des Henkels in Drachenkopf-Form ausgestaltet. Der Gefäßkörper ist im Gußverfahren aus *Li*-Metall, einer Kupferlegierung, die auch beim Glockenguß verwendet wird, hergestellt worden. Die Tülle ist mit der Kanne verlötet, der Henkel angenietet.

Dieses Objekt stammt wahrscheinlich aus dem osttibetischen Grenzgebiet zu China.

47 „Kupferkanne"

(tib.: *zaṅs ldir*)

Kupfer; Messing (Tülle, Henkel); Silber (Beschläge)
Höhe: 24,8 cm
20. Jh.
Ost-Tibet
(Inv.-Nr. 8759)
Sammlung Gordon T. Bowles

Teekanne aus grob gehämmertem und getriebenem Kupferblech. Der aus Silberblech getriebene Deckelknauf ist in Form einer geschlossenen Lotosknospe gehalten; der Beschlag auf der Schulterzone des Gefäßkörpers trägt stilisierten Wolkendekor.

Wie bei der Kanne, Katalog Nr. 46, ist die Tülle in Form eines Seeungeheuer-Kopfes, der Henkelgriff als Drachenkopf ausgestaltet. Im Gegensatz zu jener entspricht die Gestaltung des vorliegenden Objekts in Proportionierung und Stil jedoch der im gesamten tibetischen Kulturgebiet gebräuchlichen Formgebung.

Abb. a

Abb. b

48 Zwei Schalen

(tib.: *phor ba*)

Holz
Abb. a: Höhe: 5,7 cm; ∅: 12,8 cm
Abb. b: Höhe: 6 cm; ∅: 13,4 cm
20. Jh.
Ost-Tibet
(Inv.-Nr. 8767 ‹Abb. a›; 8768 ‹Abb. b›)
Sammlung Gordon T. Bowles

Zwei schlichte, hölzerne Eß- und Trinkschalen. Abb. a zeigt einen im gesamten tibetischen Kulturgebiet verbreiteten Schalentypus, Abb. b eine in Osttibet gebräuchliche Form.

49 Teeschalenständer (tib.: *khra lcag*) und -deckel (tib.: *khra kheb* oder *khra gder*)

Silber; Koralle
Gesamthöhe: ca. 10 cm
20. Jh.
Ost-Tibet oder China
(Inv.-Nr. 11015 a, b)
Sammlung Ernst Schäfer

In Treibziseliertechnik verzierte Ständer und Deckel für wertvolle, meist aus Jade gefertigte Teeschalen galten als Kostbarkeit und waren nur in begüterten Haushalten gebräuchlich.

Der Fuß des hier abgebildeteten tellerartigen, gerippten Schalenständers ist mit reliefartig getriebenen Blumenmotiven, die von einem abgesetzten Rankendekorband umrahmt werden, verziert. Das Rankenmotiv wird entlang der Außenseite des senkrecht im Ständer verankerten Standringes für die Tasse wiederholt. Der dreistufige Deckel trägt einen Korallenperlen-Griff und ist mit Fabeltier-, Blumen- und durchbrochenen Lochmünzenmotiven verziert. Auf der Oberseite des flachen Deckelrandes finden sich feinziselierte Ranken- und Glückssymboldarstellungen.

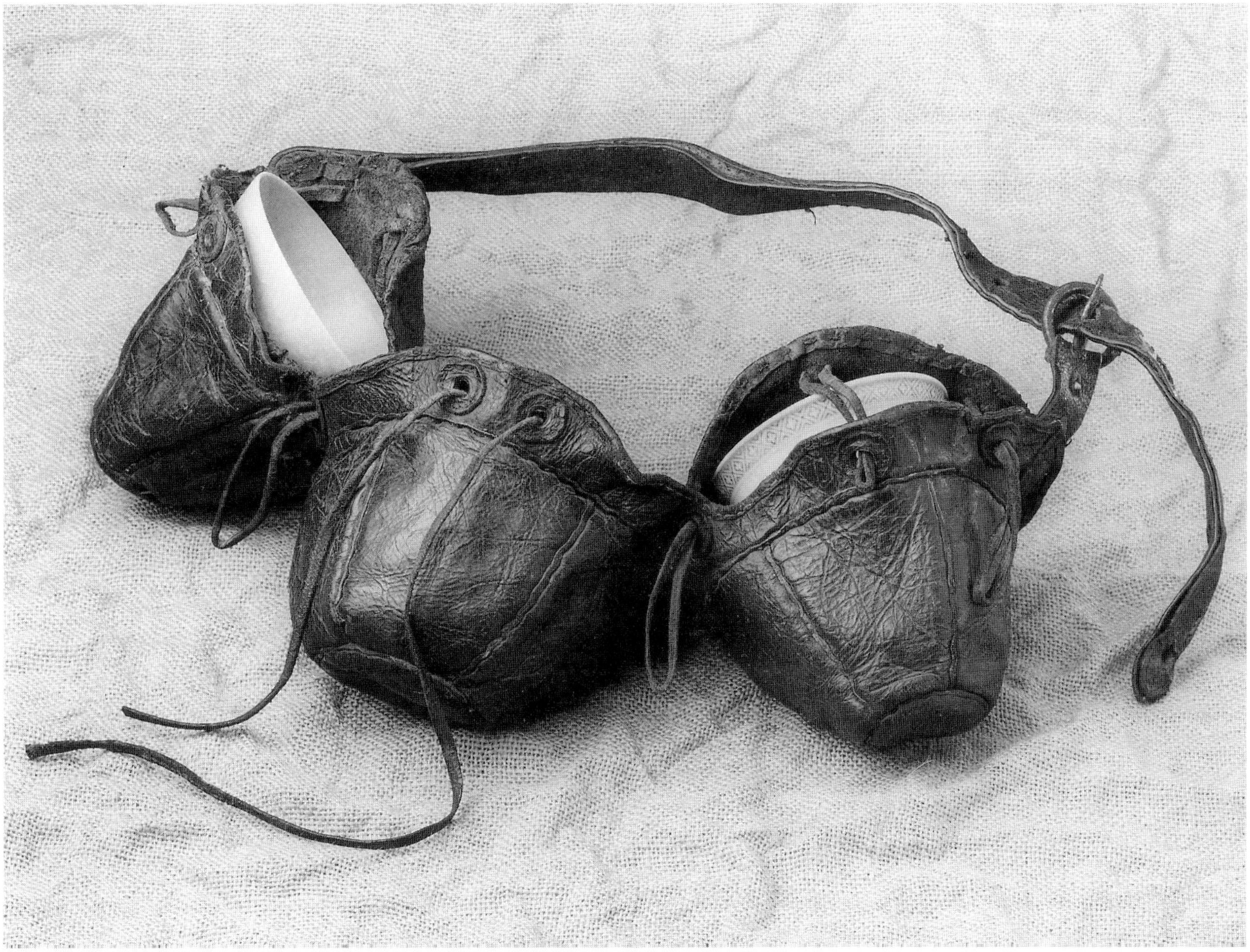

50 Schutzhülle für Schalen

Leder; Eisen (Schnalle)
Länge: 44 cm
19.–20. Jh.
Ost-Tibet
(Inv.-Nr. 8648)
Sammlung Gordon T. Bowles

Hülle aus vernähtem Leder zur Aufbewahrung und zum Transport von drei Trinkschalen. Mittels des zwischen Abdeckung und Schalenbehältern seitlich eingenähten Gurtes ließ sich die Schutzhülle bei Reisen am Sattelzeug befestigen.

51 Bierkanne

Bronze
Höhe: 26 cm
19.–20. Jh.
Ost-Tibet
(Inv.-Nr. 8761)
Sammlung Gordon T. Bowles

Aus dunkler *Khro*-Legierung gefertigte Kanne für den Ausschank von tibetischem Gerstenbier (tib.: *chaṅ*). Wie die deutlich sichtbaren Gußnähte und die Formenreste zwischen Gefäßkörper und Henkel erkennen lassen, wurde diese Kanne im Sand- oder Kastengußverfahren hergestellt. Der Gefäßkörper ist mit schlichtem Knopfbanddekor und der Darstellung von Seeungeheuer-Köpfen (tib.: *chu srin* oder *ma ka ra*) verziert.

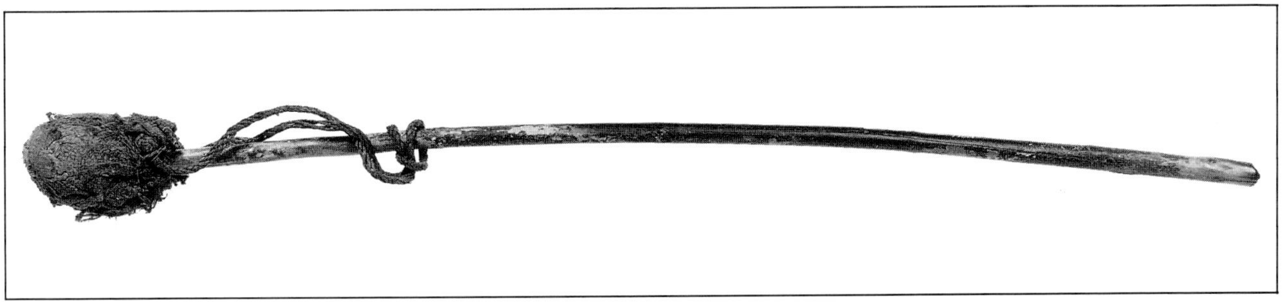

52 Eisenpfanne (tib.: *lcags slaṅ*) und „Rührkopf" (tib.: *yog mgo*)

Pfanne: Eisen
⌀: 24 cm
Rührholz: Holz, Baumwollstoff, Pflanzenfaser
Länge: 68,5 cm (Stab)
20. Jh.
Ost-Tibet
(Inv.-Nr. 8739 ‹Pfanne›; 8719 ‹Rührholz›)
Sammlung Gordon T. Bowles

Röstpfanne zur Herstellung von Tsampa (*rtsam pa*) – geröstetem Gerstenmehl –, dem wichtigsten tibetischen Grundnahrungsmittel. Auf dem Herd oder über einem offenen Feuer wurde die Gerste in der erhitzten Pfanne, deren Boden zur Gewährleistung einer gleichmäßigen Temperatur und zum Schutz gegen Überhitzung und eventuellem Anbrennen des Getreides mit Sand bedeckt war, geröstet und dabei mit dem „Rührkopf" gewendet. Der Sand wurde danach ausgesiebt und die Gerste gemahlen.

Die Pfanne weist starke Gebrauchsspuren und zwei unzureichend vernietete Flickstellen im Boden auf.

53 „Bambusteesieb“

(tib.: *smyug tsags*)

Bambus
Länge: ca. 15,5 cm
20. Jh.
Ost-Tibet
(Inv.-Nr. 8720)
Sammlung Gordon T. Bowles

Kleines, geflochtenes Teesieb für den Gebrauch im Haushalt. Reisende pflegten solche Siebe als Gastgeschenke mitzuführen.

54 Mörser mit Stößel

Holz

Maße des Mörsers:	Höhe: 21,3 cm; ∅: 10 cm (oben)
	Vertiefung: 7,3 cm
Länge des Stößels:	23,5 cm

19.–20. Jh.
Ost-Tibet
(Inv.-Nr. 8717 a, b)
Sammlung Gordon T. Bowles

Mörser und Stößel zum Zerkleinern von Chili, Salz, Knoblauch und anderen Gewürzen.

Die Höhlung im Mörserkorpus, der aus dem Stamm eines kleinen Baumes gefertigt ist, wurde vermutlich durch Ausbrennen des Holzes erzielt.

55 Teemischzylinder

(tib.: *doṅ mo* oder *ja zo*)

Holz
Zylinder: Höhe: 59 cm; Ø: 18,5 cm
Länge des Quirlschlegels: 75,5 cm
20. Jh.
Ost-Tibet
(Inv.-Nr. 8716)
Sammlung Gordon T. Bowles

Mischzylinder zur Herstellung von sogenanntem „Buttertee" (tib.: *bod ja,* lit.: „tibetischer Tee"). Dieses Getränk wurde folgendermaßen hergestellt: Ein Gebräu aus Wasser und äußerst grobkörnigem Tee – handelsüblich waren Ziegel und Platten aus gepreßten, ganzen oder kaum zerkleinerten Blättern und Stengeln – wurde in einer Kanne auf dem Herd oder einem offenen Feuer lange gekocht. Danach wurde es abgesiebt und zusammen mit Milch, Butter und (Soda)-Salz in den Mischzylinder gefüllt und dort – durch vertikale Auf- und Abwärtsbewegung des Schlegels – gründlich verquirlt. Nach nochmaliger Erwärmung auf dem Herd wurde der „Tee" in eine Kanne gefüllt und konnte serviert werden.

Der Gefäßkörper des Zylinders ist aus zwei zusammengesetzten, ausgehöhlten Stammhälften gefertigt, die durch fünf eng anliegende Holzbänder zusammengehalten werden. Am unteren Ende des Schlegels ist als „Quirl" eine Holzscheibe (von nur wenig geringerem Durchmesser als der Innendurchmesser des Zylinders) befestigt. Mit dem über dem oberen Schlegelende einzuführenden Holzdeckel läßt sich der Zylinder relativ dicht verschließen.

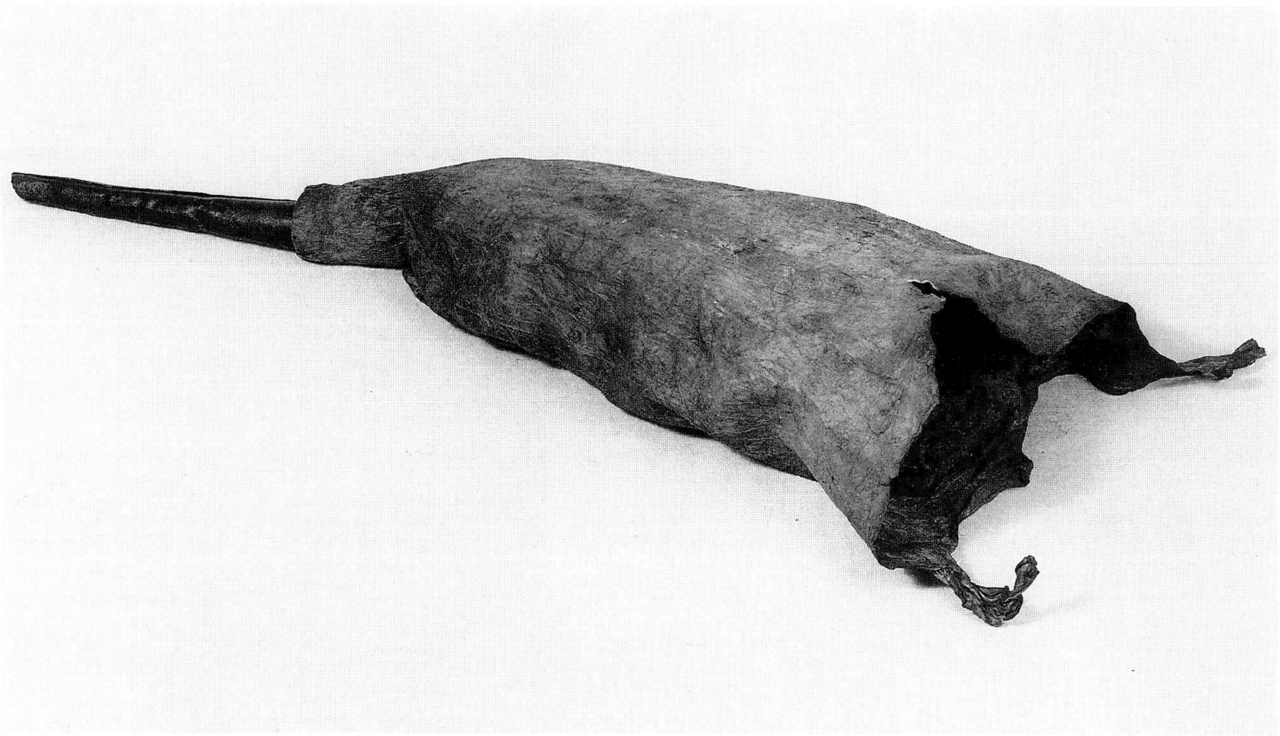

56 Blasebalg

(tib.: *sbud pa* oder *khul mo*)

(Ziegen-?)Haut, Eisen
Länge: ca. 118 cm
20. Jh.
Ost-Tibet
(Inv.-Nr. 8707)
Sammlung Gordon T. Bowles

Zum Anfachen des häuslichen Herdfeuers. Bei diesem – für Ost-Tibet typischen – Blasebalg wurde der Luftstrom nicht durch gegeneinander bewegliche Platten, sondern durch Verschluß der hinteren Balgöffnung und anschließendes Pressen des prall gefüllten Balges erzeugt.

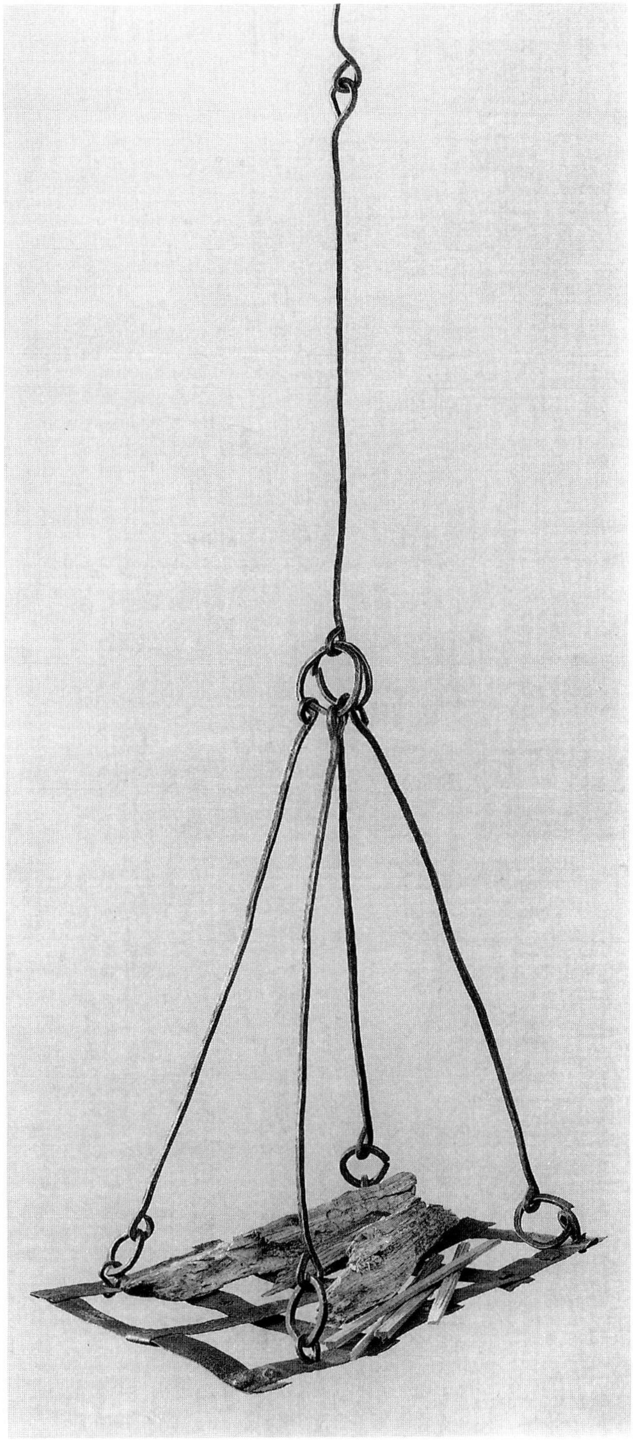

57 Kienspanhalter

(tib.: *me gsal lcags ldebs*)

Eisen
24,5 × 18 cm (Gitter)
19.–20. Jh.
Ost-Tibet
(Inv.-Nr. 8704)
Sammlung Gordon T. Bowles

Haltegitter für harzhaltige Holzspäne, die zur Beleuchtung von Innenräumen entzündet wurden. Das umgebogene Ende der langen Aufhängevorrichtung wurde an einem Balken der Zimmerdecke verankert.

58 Waage

(tib.: *ñag*)

Holz, Leder (Waage); Eisen (Gewicht)
Maße: 48,5 cm (Länge des Waagenbalkens);
18,5 × 31,5 cm (Lasthalterung)
Gewicht: 500 g (Eisengewicht)
20. Jh.
Ost-Tibet
(Inv.-Nr. 8703)
Sammlung Gordon T. Bowles

In Haushalt und Handel zum Wägen von Lebensmitteln (Butter, Tee, Fleisch, Salz u. a.) gebräuchliche Laufgewichtswaage. In den Waagenbalken sind „Waagen-Augen", „-Kreuze" und „-Striche" (tib.: *ñag mig, ñag gram, ñag thig*) als Gewichtsmarkierungen eingeritzt. Die Auflagefläche der Lasthalterung besteht aus elf parallel durch einen Riemen verbundenen Holzstäben.

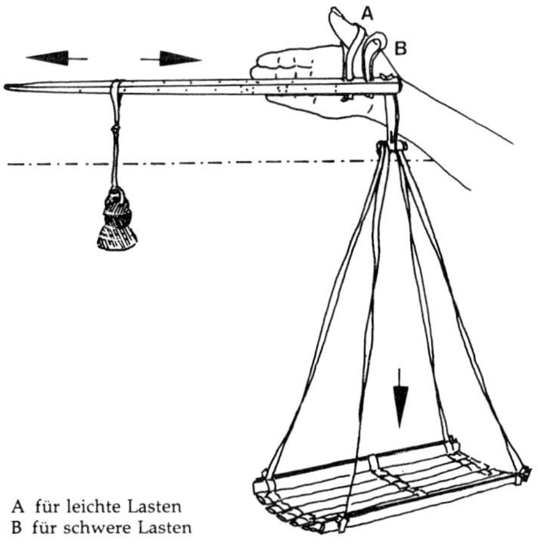

A für leichte Lasten
B für schwere Lasten

Bodenbearbeitung

31 Einbringen der Heuernte

Der jahreszeitliche Zyklus beginnt nach dem tibetischen astrologischen Almanach mit dem Neumond des „Ersten Mondmonats“ (tib.: *zla ba daṅ po*) – entsprechend unserer Monatseinteilung etwa Mitte Februar bis Anfang März. In den bäuerlichen Ansiedlungen Tibets oblag die Festsetzung der genauen Daten, die für die Durchführung aller wichtigen Feldarbeiten einzuhalten waren, wie z.B. Beginn und Zeitdauer von Aussaat und Ernte, in der Regel einem vertrauenswürdigen und mit den Berechnungsmethoden der Kalenderdivination vertrauten Lama.

Noch vor Neujahr bereitete man Viehdung als Felddünger auf. Nach Beendigung der Neujahrsfeierlichkeiten wurde er von den Frauen oder als Tierlast zum Ackerland transportiert und dort ausgebreitet. War das Feld weit abgelegen oder stand aufgrund geringen Viehbestandes Dünger nicht in ausreichendem Maße zur Verfügung, stach man an den Ackergrenzen wachsendes Gras ab, verbrannte es und verteilte die Asche als Felddünger. In diesem Zeitraum wurden auch Instandsetzungsarbeiten an den zahlreichen Bewässerungskanälen (tib.: *yur ba*) durchgeführt, die in weiten Teilen Zentral-, Süd- und Westtibets die Nutzung der Anbauflächen erst ermöglichten. Nur in Osttibet war aufgrund ausreichender Niederschläge Regenfeldbau möglich.

In der Zeit vom ersten bis Ende des zweiten Monats begann man mit dem Umpflügen des Feldbodens. Hierzu verwendete man meist einfache Hakenpflüge aus Holz mit eiserner Schar und Schäftungstülle. Im osttibetischen *Khams* waren auch Pflugscharen aus hartem Eichenholz in Gebrauch. Das Zuggespann bestand in der Regel aus zwei *Dzo*-Rindern, seltener aus Yaks oder Ochsen. Gegen Ende des zweiten bis zu Beginn des dritten Monats pflügte man die Felder nochmals und begann mit der Aussaat. Das Führen des Pfluges war ausschließlich den Männern vorbehalten. Frauen verrichteten Erntearbeiten und halfen bei der Aussaat und der Instandhaltung der Felder (Jäten, Häufeln). In dörflichen bäuerlichen Ansiedlungen wurde bei der Ausführung der Feldarbeiten oft kollektive Hilfe geleistet. Unterschiedliche klimatische Verhältnisse und Höhenlagen der Anbauflächen bedingten regional zahlreiche und teils gravierende Unterschiede in der Anbaustruktur, die hier nicht in aller Ausführlichkeit erörtert werden können. Statt dessen seien Reihenfolge und Art der angebauten Feldfrüchte und die mit der landwirtschaftlichen Nutzung einhergehenden Arbeiten am Beispiel der südwesttibetischen Kulturlandschaft dargestellt:

Dort säte man im dritten Monat (etwa Ende April bis Ende Mai) zunächst Buchweizen und setzte Kartoffeln. Anfang des vierten Monats begann man mit Aussaat und Anbau von Gerste, Rüben, Rettich, Bohnen und Senfkorn. In tieferen Tallagen wurde mitunter auch Hirse und Weizen ausgesät. Gegen Ende des fünften Monats pflanzte man Zwiebeln, Schalotten und Knoblauch an. Mit Beginn des siebten Monats wurden die Felder gejätet. Hierzu verwendete man kleine Handhacken aus Holz oder kurzstielige Jäteisen mit spachtelförmigem Blatt. In demselben Zeitraum häufelte man auf den Kartoffeln-, Rettich- und Bohnenfeldern das die Pflanzen umgebende Erdreich. Diese Arbeiten wurden von Frauen und Männern gemeinsam ausgeführt, häufig zog man sogar die Kinder zur Mithilfe heran. Im achten Monat erntete man Gerste und Buchweizen. Man schnitt das Getreide mit Handsicheln, deren Klingen glatt oder gezähnt waren. Bei der Getreideernte wurde besonders sorgfältig darauf geachtet, daß man die Halme möglichst nahe am Boden schnitt. Mitunter riß man sie auch einfach aus dem Erdreich. Dann band man das Getreide zu Garbenbündeln und transportierte es auf dem Rücken oder mit Tieren zum Dreschplatz (tib.: *g.yul sa* oder *g.yul kha*). Dieser war fast immer durch einen Mauerring begrenzt und lag häufig in unmittelbarer Nähe oder inmitten der Felder, manchmal jedoch auch vor oder bei dem bäuerlichen Gehöft. Gedroschen wurde mit einfach konstruierten Flegeln, die häufig nur aus einem Holzstiel und mehreren mit Lederriemen daran befestigten Ruten bestanden. In der osttibetischen Provinz *Khams* und in *Dolpo* (Nordwestnepal) waren auch Dreschflegel in Gebrauch, durch deren quer durchbohrtes oberes Stielende ein drehbarer Stab gesteckt war, an dem mehrere mit Lederriemen brettartig verbundene Holzruten befestigt waren.

Den Dreschvorgang begleiteten Männer und Frauen mit rhythmischen Wechselgesängen – Ernte- und Spottliedern – oder der Rezitation von Gebetsformeln. Für das Dreschen einer Fläche von 50 m^2 benötigte man ca. 40 Minuten. (Inv.-Nr. 14706)

In *Khams, Dolpo* und in der Region *Koṅ po* war zum Abstreifen der Getreideähren auch ein spezieller Dreschkamm (tib.: *so maṅ*) in Gebrauch. Dieser bestand aus einem meist vierfüßigen Holzgestell, auf dem ein Rundholz mit eingelassenen Eisen- oder Holzzinken ruhte, durch die die Garben gezogen wurden. Mitunter trieb man aber auch einfach Tiere über die auf dem Dreschplatz ausgebreiteten Garben, um die Körner auszureiben.

Anschließend wurde das Getreide in flachen Bambus- oder Weidenkörben (tib.: *lo ma*) oder auch mit breiten Schaufeln geworfelt. Dies geschah unter lautem Pfeifen, um den Wind damit herbeizurufen. Die leeren Getreidehülsen bewahrte man zur Zubereitung von Viehstreu auf.

Im neunten Monat schließlich wurden Rettiche, Bohnen, Kartoffeln und andere Gemüse geerntet. Sie wurden zum größten Teil in Streifen geschnitten, durch Lufttrocknung konserviert und als Wintervorrat oder Tauschware aufbewahrt.

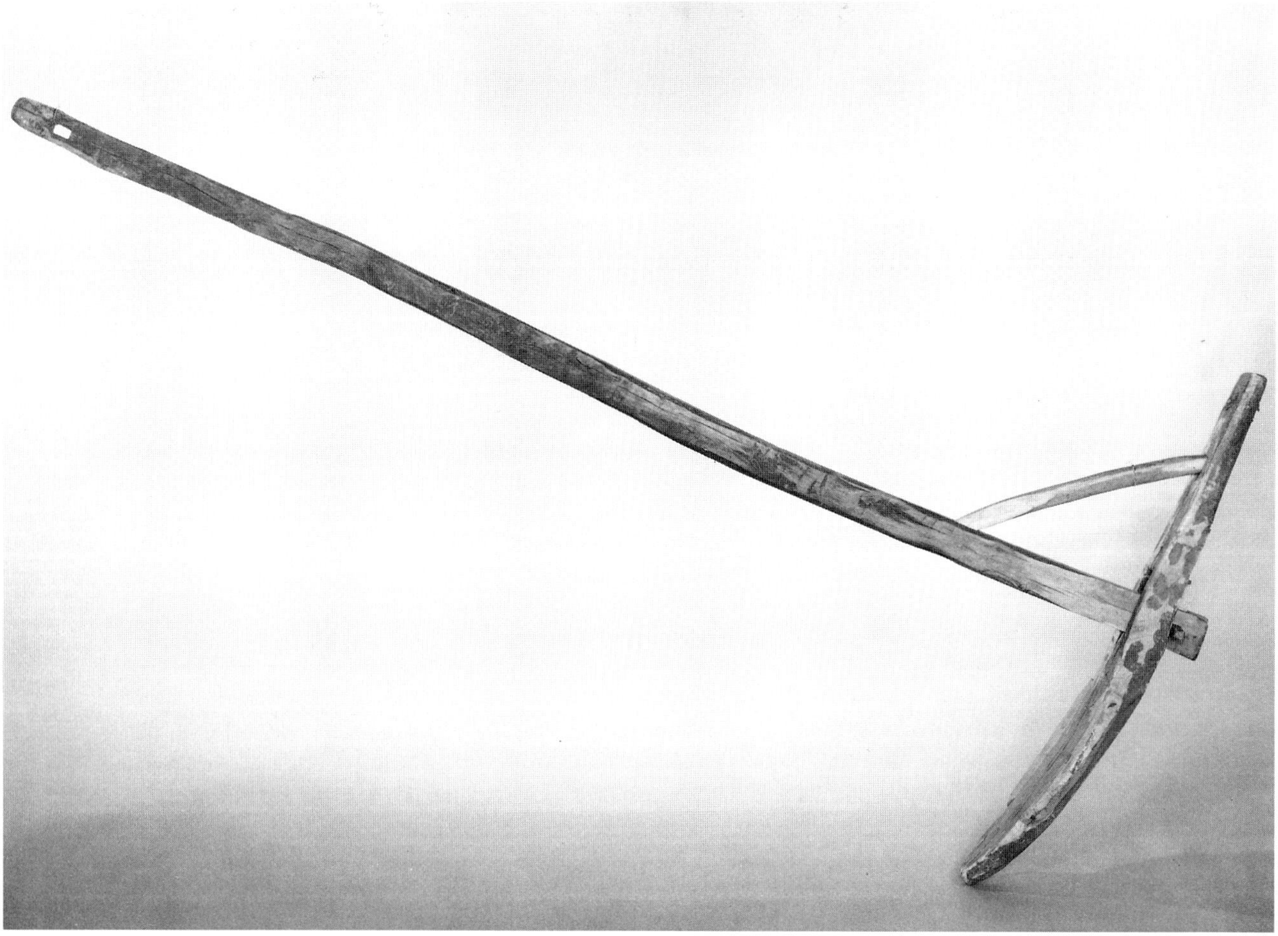

59 Pflug

(tib.: *thaṅ so*)

Holz
Länge: ca. 208 cm (Pflugbaum)
20. Jh.
Ost-Tibet
(Inv.-Nr. 8737)
Sammlung Gordon T. Bowles

Teil eines Holzpfluges aus der osttibetischen Provinz *Khams*. Das dazugehörige Joch für das Zugtier fehlt. Pflüge dieses Typus, die mitunter auch eine Eisenschar trugen, wurden meist von zwei *mDzo*-Rindern (dem männlichen Nachkommen einer Kreuzung von Yak und Hausrindkuh) gezogen.

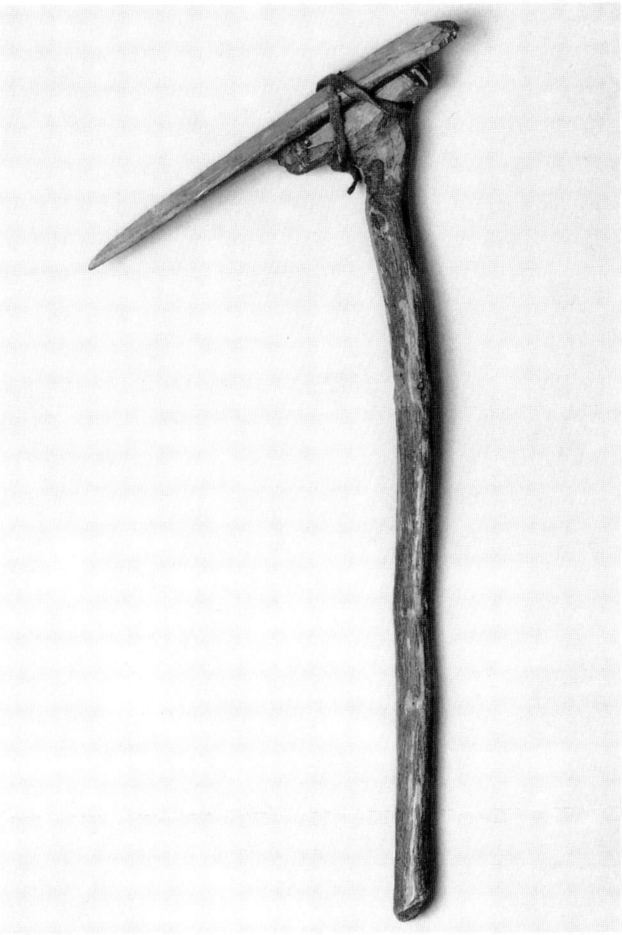

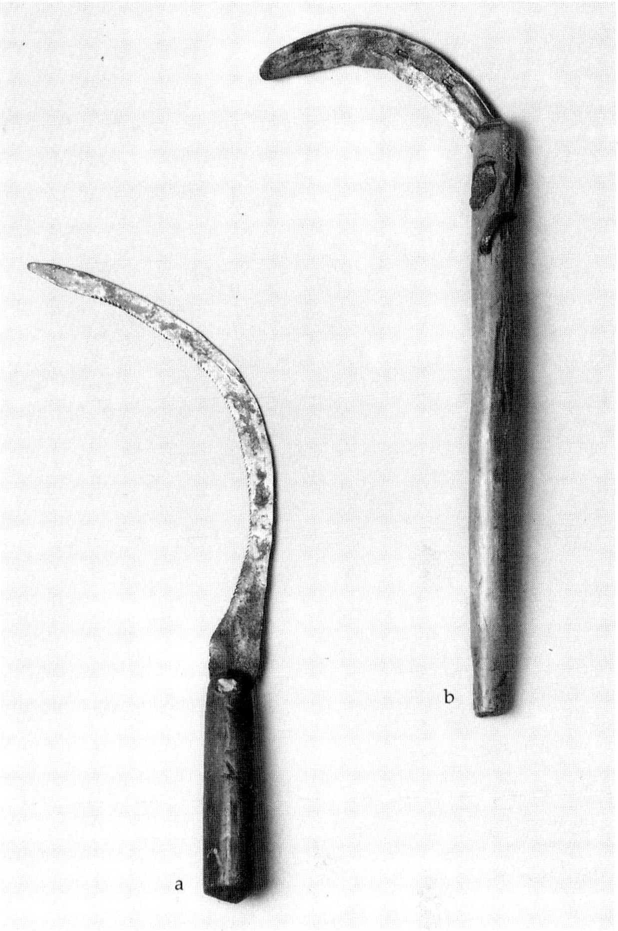

60 Hacke

Holz, Leder
Länge: ca. 58 cm (Stiel); 32 cm (Blatt)
20. Jh.
Ost-Tibet
(Inv.-Nr. 8733)
Sammlung Gordon T. Bowles

Diese einfache Hacke zum Auflockern des Feldbodens und zum Zerkleinern der Schollen nach dem Pflügen besteht aus einem Holzstiel und einem spitzen, keilförmigen Holzblatt, das mit einem Lederriemen am Stiel befestigt ist.

61 Zwei Sicheln

(tib.: *zor ba*)

Eisen, Holz
Abb. a: Länge: ca. 13,5 cm (Griff); ca. 31,5 cm (Klinge)
Abb. b: Länge: ca. 35 cm (Griff); ca. 26 cm (Klinge)
20. Jh.
Ost-Tibet
(Inv.-Nr. 8734 <Abb. a> ; 8735 <Abb. b>)
Sammlung Gordon T. Bowles

Sicheln mit gezahnter (Abb. a) und glatter Klinge zum Schneiden von Gras und Getreide.

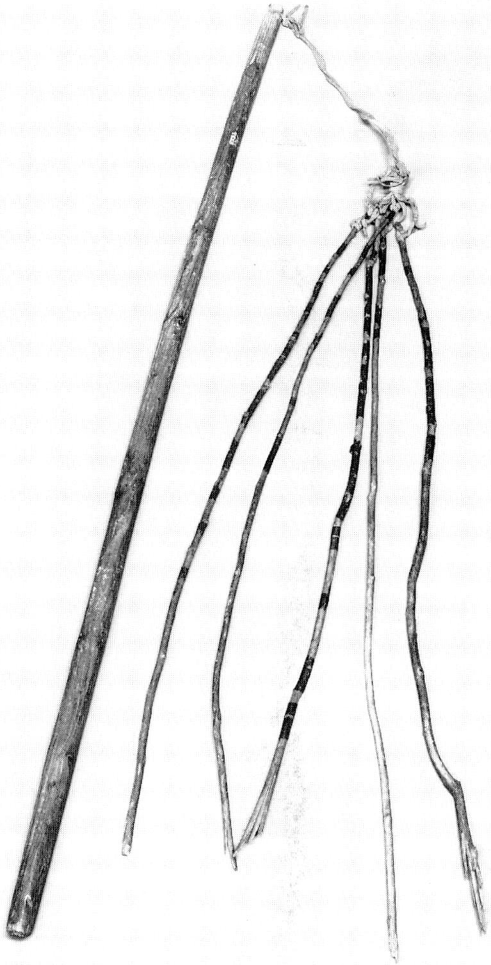

62 Kiepe

(tib.: *sle po*)

Holz, Bambus
Höhe: ca. 58 cm
20. Jh.
Ost-Tibet
(Inv.-Nr. 8731)
Sammlung Gordon T. Bowles

Geflochtene Kiepe für den Transport von Heu, Getreide und anderen Feldfrüchten.

63 Dreschflegel

(tib.: *dbyug skor oder gtun śiṅ*)

Holz, Leder
Länge: 132 cm (Stiel); ca. 100 cm (Klöppel)
20. Jh.
Ost-Tibet
(Inv.-Nr. 8732)
Sammlung Gordon T. Bowles

Dreschflegel für Getreide (Gerste, Weizen) und Erbsen; bestehend aus einem Holzstiel und fünf mit Lederriemen daran befestigten Ästen.

Nomaden

Etwa 40 % der tibetischen Gesamtbevölkerung lebte im nordöstlichen und östlichen Hochland sowie entlang der südlichen und westlichen Regionen des zentraltibetischen Plateaus als nomadisierende Viehzüchter (tib.: *'brog pa*).

In der Regel bewohnte jede Nomadenfamilie ein eigenes Zelt und verfügte über ihren eigenen Viehbestand (Yaks, Schafe, Pferde, Rinder, Ziegen), aus dessen Ertrag nicht nur ein großer Teil des Eigenbedarfs an Lebensmitteln (Fleisch- und Milchprodukte) und Rohstoffen zur Herstellung von Bekleidung (Wolle, Yakhaar, Leder) und Behausung (Zeltbahnen aus Yakhaarstoff) gedeckt, sondern darüber hinaus auch noch die für den Erwerb von Getreide, Tee, Zucker, Werkzeugen, Waffen und anderen Handelsartikeln benötigten Tausch- und Handelswaren erwirtschaftet wurden.

Yaks, Yak/Rind-Kreuzungen und Schafe waren die wichtigsten Rohstofflieferanten: Aus versponnenem Yakhaar wob man Decken und den festen schwarzen Stoff der Zeltbahnen. Für die Außenverspannung der Zelte verwendete man dicke Seile, die aus gedrehtem und verflochtenem Yakhaar hergestellt wurden. Die Yakunterwolle wurde zu Stoffen und zu Filz weiterverarbeitet. Aus Yakhaut stellte man Stiefelsohlen, Riemen, Gurte, Zaumzeug für Pferde und Vieh sowie Taschen, Beutel, Hüllen und Säcke für den Transport und die Aufbewahrung von Nahrungsmitteln und Gerätschaften her. Yakhörner wurden zu Behältern für Schnaps, Schießpulver, Schnupftabak und Zucker weiterverarbeitet.

(Inv.-Nr. 8604)

Die Schafe lieferten einige Ausgangsprodukte für die Herstellung der Alltagsbekleidung: Aus versponnener Schurwolle wob man mit Litzenstabwebgeräten die Stoffe für die leichten Sommer-*Chu pa* (Obergewand), die Füßlinge und Schäfte der Stiefel und die schwarz-rot gestreiften Frauenschürzen. Ganze Lamm- oder Schafhäute vernähte man – mit innenliegender Fellseite – zu warmen Winter-*Chu pa*. Aus Schafwoll-Filz wurden Regenumhänge, Hüte und Satteldecken angefertigt.

Die Milch von *'Bri* („Yakkuh"), *Dzo mo* (Yak/Hausrindkuh-Kreuzung), Schafen und Ziegen verarbeitete man zu Butter, Buttermilch, Yoghurt und Käse.

(Inv.-Nr. 14706)

Lamm-, *'Bri-*, Rind- und Ziegenfleisch wurde entweder unmittelbar nach dem Schlachten zubereitet oder aber luftgetrocknet und zum späteren Verzehr oder als Handelsware aufbewahrt.

Als Reit- und Transporttiere dienten Yaks, Pferde und Maultiere. Mitunter trugen auch Schafe bis zu 12 Kilogramm schwere Lasten in beidseitig bepackten Doppeltaschen, die über ihren Rücken gelegt wurden.

Der Herdenbestand einer wohlhabenden Nomadenfamilie konnte bis zu 4500 Yaks, 20000–30000 Schafen und 800 Pferden umfassen. Als überlebensnotwendiges Minimum für den Erhalt einer Familie galt ein Bestand von 35 Yaks, 500 Schafen und 5 Pferden.

Aus Gründen der politischen und wirtschaftlichen Verwaltung sowie zur Vereinheitlichung und Festsetzung der Abgabeleistungen, die sie an die von der zentraltibetischen Regierung befugten Behörden und Klöster oder an unabhängige Landesfürsten zu entrichten hatten, schlossen sich die Nomaden in Stammesverbänden (tib.: *sde*) unterschiedlicher Organisationsform zusammen. Jeder Stamm verfügte über ein bestimmtes Terrain, das gemeinschaftlich als Lebensraum und Viehweidefläche genutzt wurde.

Im Frühsommer zogen die Nomaden – meist in Verbänden mehrerer Familien und unter Führung eines erfahrenen Obmanns (tib.: *dpon po*) – aus den tieferliegenden Gebieten, in denen sie ihr Winterquartier errichtet hatten, mit ihren Herden zu den Weideflächen der Hochebenen. Die ersten Weideaufenthalte waren auf 9–10 Tage begrenzt, da die noch spärliche Vegetation dem Vieh nicht über eine darüberhinausgehende Zeitspanne ausreichend Futter bot. Im Laufe des Sommers verlängerte man jedoch die Aufenthaltszeit in den Weidearealen zunehmend, bis sie im Spätsommer etwa 3–4 Wochen betrug.

In Nähe der Herde und meist an einer natürlichen Grenze, beispielsweise einem Bergrücken oder einem Bach, errichtete man das Wohnzelt. Wohlhabendere Familien besaßen darüber hinaus auch noch Lagerzelte zur Aufbewahrung von Nahrungsmitteln, Wolle, Fellen und Gerätschaften.

Das Wohnzelt

Die schwarzen Wohnzelte aus Yakhaarstoff wurden über einem aus drei Pfosten bestehenden Innengerüst errichtet. Die Außenverspannung – feste Seile aus Yakhaar – verlief über ca. zwei Meter hohe Holzpfosten und endete an dicken Pflöcken aus Holz, die fest im Erdreich verankert waren. Je nach Wohlstand und Anzahl der Familienmitglieder variierte die Größe der Zeltinnenfläche etwa zwischen 10–30 m^2. Die durchschnittliche Höhe eines

Wohnzeltes betrug ca. 2,20 m. Für die Belüftung im Zeltinnern sorgte eine Dachluke, die bei Regen verschlossen werden konnte. In der Mitte des Zeltes errichtete man über einer Bodenvertiefung einen bis zu zwei Meter langen Herd aus Lehm. In seiner Nähe bewahrte man die für die alltägliche Nahrungszubereitung benötigten Küchengeräte (Kessel, Töpfe, Kannen, Kellen) und Lebensmittel (*rTsam pa*, Butter, Tee usw.) auf.

Der Herd teilte das Zeltinnere in zwei Hälften: vom Eingang her gesehen, befanden sich links die Sitzplätze der Frauen und Kinder, rechts die der Männer und Gäste. Der Haushaltsvorstand oder ein hoch verehrter Gast nahm – mit dem Gesicht zum Zelteingang gewandt – den in nächster Nähe zum Herd befindlichen Ehrenplatz ein. In einer Ecke des Zeltes errichtete man einen kleinen Hausaltar, auf dem die Verehrungsobjekte (Statuen, Malereien, buddhistische Texte usw.) und Metallschälchen mit den traditionellen Opfergaben arrangiert wurden.

In Holztruhen, Yakhaut- und Wollstoffsäcken, die entlang der Zeltwände aufgestapelt waren, verwahrte man die Lebensmittelvorräte (Getreide, Mehl, Butter, Käse, Tee), die Alltags- und Festbekleidung sowie Webstoffe, Wollballen, gegerbte Tierhäute und andere Rohstoffe. Auch Gerätschaften wie Sättel, Eimer, Krüge, Kessel und Butterfässer stellte man entlang der Zeltwand auf. Schwerter, Gewehre und die Gürtel mit den Schießpulverbehältern wurden am Stützpfeiler des Zeltes befestigt.

Außerhalb des Zeltes schichtete man die als Brennmaterial benötigten Dungfladen zu einer Mauer auf, die dem Zelt zusätzlichen Windschutz bot. Für die Bewachung des Zeltes und seiner Bewohner sorgten große freilaufende Hirtenhunde, die mit roten Wollhalsbändern geschmückt waren.

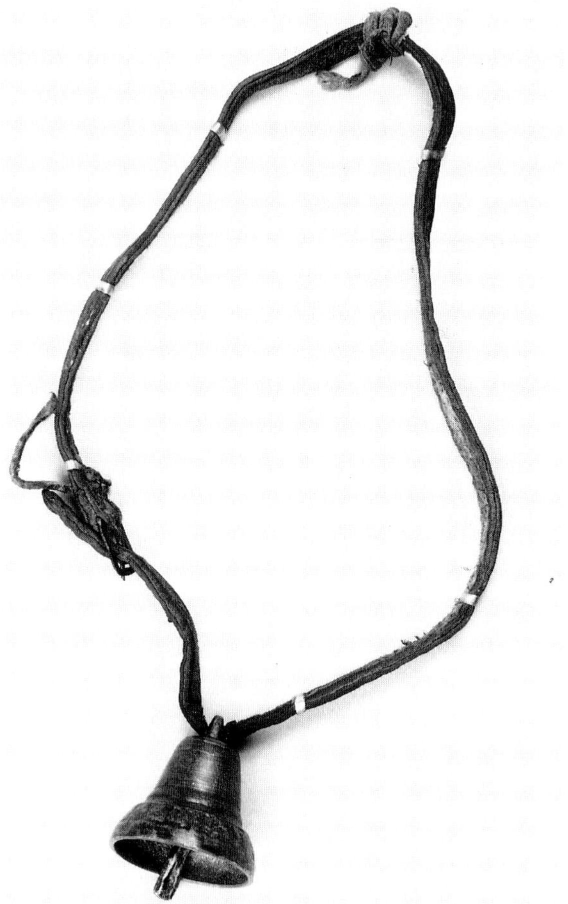

64 Vieh- und Pferdeglocke

Bronze; Eisen (Klöppel); Leder (Riemen); Eisen (Schnalle)
Maße der Glocke: Höhe: 6,5 cm; ∅: 5,7 cm
Länge des Riemens: 35,5 cm
20. Jh.
Ost-Tibet
(Inv.-Nr. 8643)
Sammlung Gordon T. Bowles

Für Pferde, Maultiere und Schafe verwendeter Viehglockentypus mit verschließbarem Schnallen-Halsriemen. Der Glockenkörper ist mit schlichtem Ranken- und Blattdekor verziert.

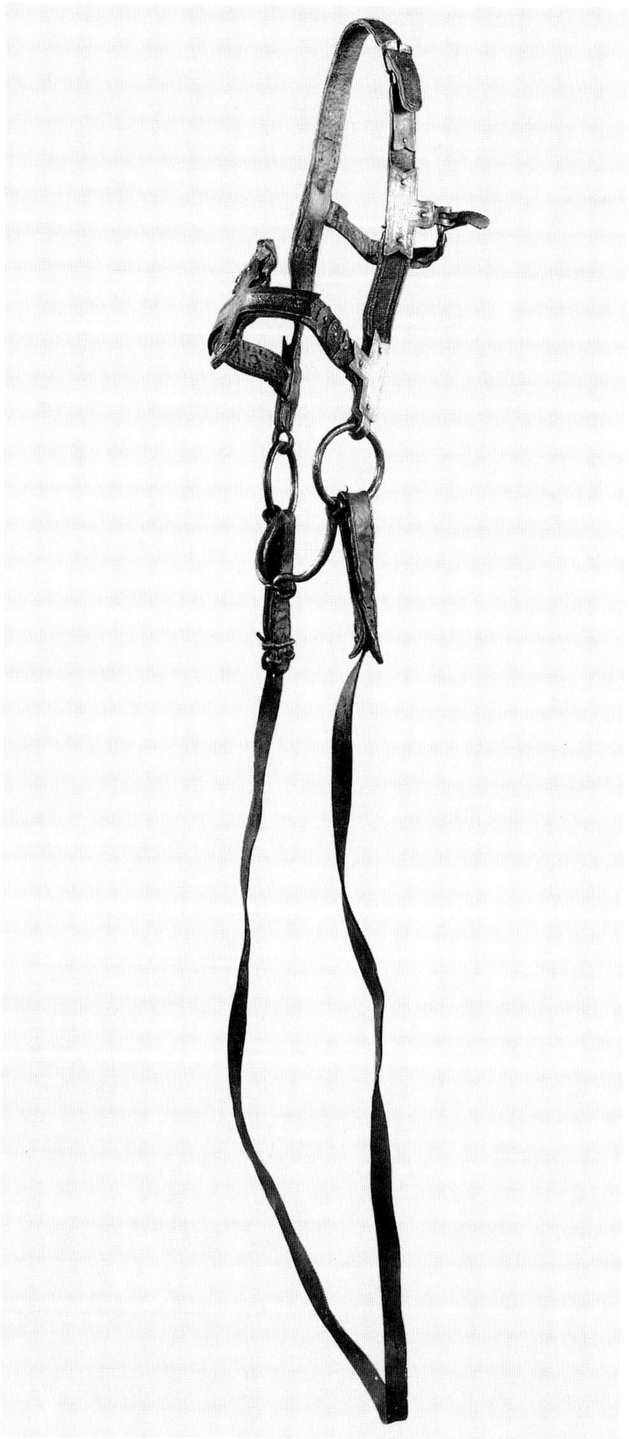

65 Zaumzeug

(tib.: *rta srab lcags*)

Leder, Eisen
Länge: ca. 34 cm (Nasenriemen); ca. 36,5 cm (Stirnriemen)
⌀ der Trensenringe: 8 cm
19.–20. Jh.
Tibet oder Turkestan
(Inv.-Nr. 4408)

Zum Sattel (Katalog Nr. 66) gehöriges Kopfgestell aus Leder mit ineinanderübergehenden Genick- und Bakkenriemen (tib.: *'og sgrog*), die an den Trensenringen enden. An der Trense (tib.: *srab lcags*) sind kurze Zügel (tib.: *srab mda'*) sowie ein dünnes, gebrochenes Eisenmundstück (Gebiß; tib.: *kha bskaṅ*) befestigt. Der Kehl- und der Nasenriemen (tib.: *gdoṅ bkags*) verlaufen quer zu den Backenriemen und sind an beiden Enden – der Kehlriemen mit einem Schnallenverschluß – an diesen befestigt. Der Nasenriemen und die Verbindungszonen des Backenriemens mit dem Kehlriemen und der Trense sind mit vernieteten Eisenbeschlägen versehen.

Der ungewöhnliche, lilienförmige Beschlag des Nasenriemens deutet darauf hin, daß dieses Kopfgestell und der dazugehörige Sattel möglicherweise aus Turkestan stammen.

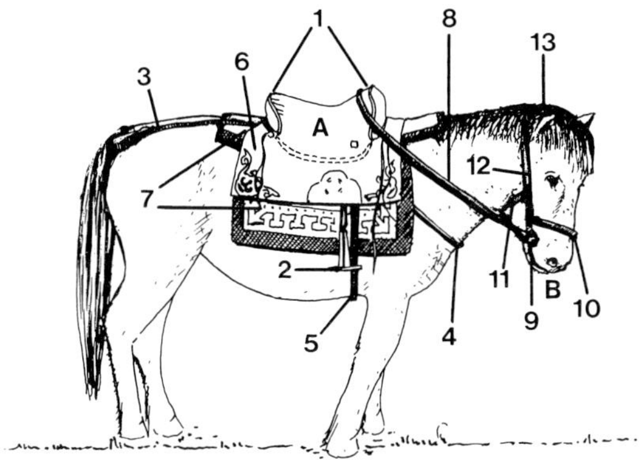

A Sattel
1 Vorder- und Hinterzwiesel
2 Steigbügel
3 Schwanzriemen
4 Brustriemen
5 Bauchgurt
6 Satteldecke
7 Seitenteile

B Zaumzeug
8 Zügel
9 Trense
10 Nasenriemen
11 Kehlriemen
12 Backenriemen
13 Genickriemen

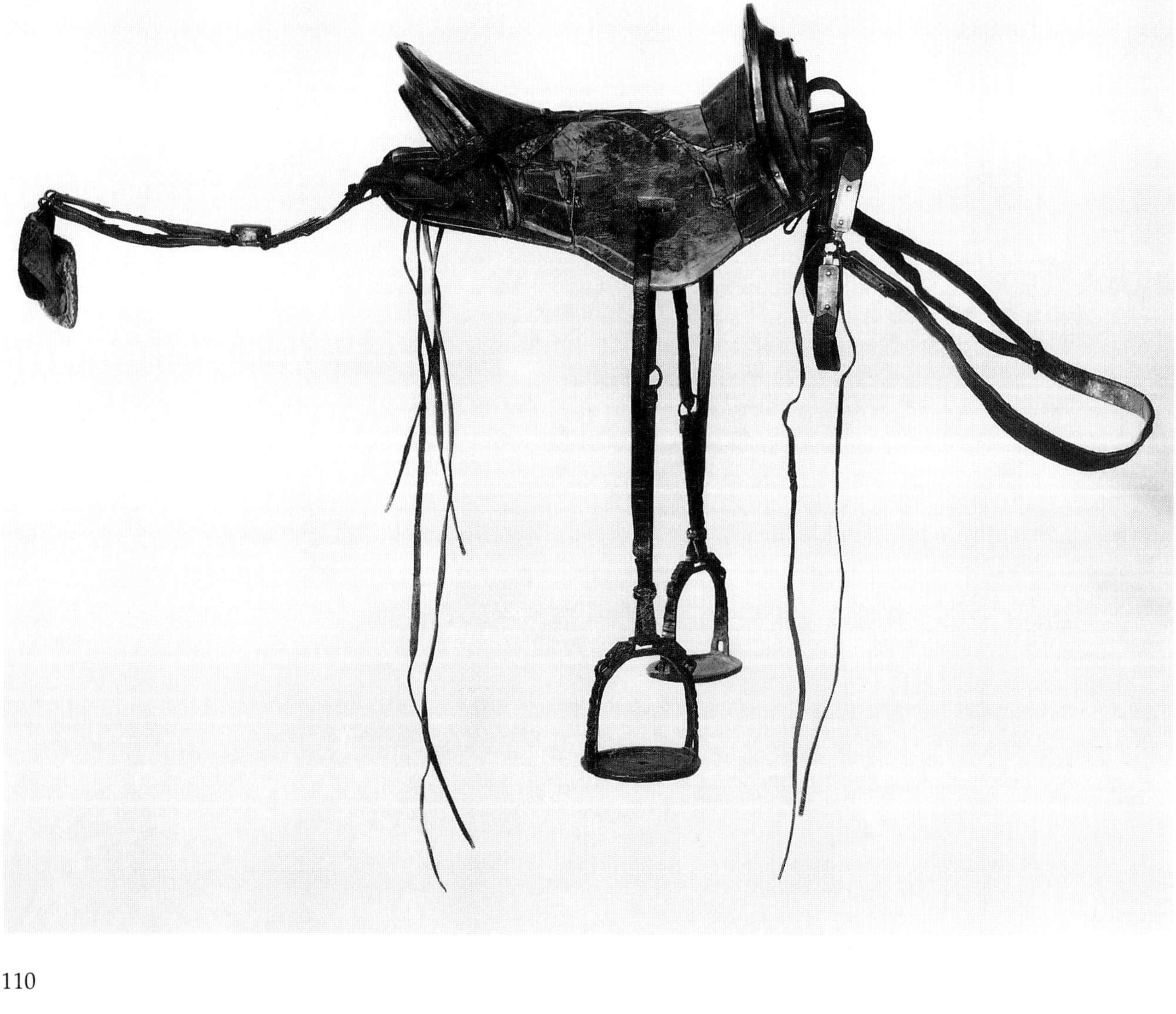

66 Holzsattel mit Steigbügeln, Vorder- und Hinterzeug

Holz, Leder, Eisen
Sattel ca. 41 × 55 cm; Steigbügel mit Riemen, Länge: 60 cm; Schwanzriemen Länge: 64 cm
19.–20. Jh.
Tibet oder Turkestan
(Inv.-Nr. 4410 < Sattel > ; 4411 < Schwanzriemen > ; 4412 < Steigbügel >

Dieser Bocksattel ist aus Birkenholz geschnitzt. Er besteht aus vier – teils durch schmale Lederriemen miteinander verbundenen – Teilen: Den beiden spitzwinklig zueinander stehenden Flügeln und Trachten (tib.: *sga bśog oder sga khog*) des Sattelbaums und den beiden Zwieseln mit einem höheren, steil aufragenden vorderen und einem flacheren hinteren Sattelbogen (tib.: *sṅa ru und phyi ru*). Die durch Schnallen verschließbaren Riemen der eisernen Steigbügel (tib.: rta yob) sind durch zwei rechteckige, in den Trachten befindliche Öffnungen (tib.: *sga'i rgyun khuṅ*) gezogen. Das Vorderzeug (tib.: *goṅ thag*) – Brust- und Widerristriemen – ist in den vor dem Vorderzwiesel liegenden Öffnungen der Trachten verankert. An den hinteren Enden zweier am Vorderzwiesel befestigten und kreuzweise über den Sattelbaum verlaufenden Lederstreifen ist der runde, eiserne Riemenverteiler des Schwanzriemens (tib.: *sga smad*) befestigt. Dessen beschlagenes unteres Riemenpaar, das die Schweifrübe des Pferdes umfassen soll, ist mit einem Lederstreifen zusätzlich gepolstert. Einige weitere Riemen und Öffnungen an Sattelbaum und Zwieseln dienen der Befestigung von Satteldecken und -polstern.

67 Sattel mit Überdecke

siehe Farbtafel 67, Seite 117

Sattel: Holz, Leder, Eisen
Länge: 37 cm; Breite: 48,5 cm
(Inv.-Nr. 8637)
Decke: Filz, Baumwolle (?), Leder
82,8 × 58 cm
(Inv.-Nr. 8636)
Seitenteile: Wolle, Filz, Baumwolle
62 × 38 cm und 26 × 23 cm
(Inv.-Nr. 8634 a, b; 8635 a, b)
20. Jh.
Ost-Tibet
Sammlung Gordon T. Bowles

Komplettes Pferdesattelarrangement (tib.: *rta sga stan*), bestehend aus einem Birkenholzsattel (zur Sattel-Konstruktion vgl. Katalog Nr. 66) mit Steigbügel und Zaumzeug, einer Sattelüberdecke (tib.: *sga kheb*) mit eingesäumten Öffnungen für die beiden Zwieselbögen sowie mittels Riemenverschlüssen an den Ösen der Überdekke zu befestigenden Knüpfteppich-Seitenteilen (tib.: *sga grum*). Die filzgefütterte Satteldecke ist mit (Baumwoll?)-Stoff bezogen und trägt an den Ecken Stoffapplikationen im Ranken- und Widderhorndekor sowie zu beiden Seiten je eine, in Form des Glückssymbols „Ohrring des Kostbaren Ministers" (tib.: *blon po rin po che' i rna rgyan*) gestaltete Lederapplikation. Die bei Gebrauch des Sattels über Kruppe, Hals und Flanken des Pferdes liegenden, geknüpften Seitenteile sind mit einer Randeinfassung aus Wollstoff auf einer dicken Filzunterlage montiert und tragen einen Dekor in Form stilisierter Felsen- und Wolkenmotive, die seitlich und unten von einem Blüten- und einem mehrfarbigen Mäanderband umrahmt sind.

68 Transportsack

Leder
Höhe: ca. 55 cm
19.–20. Jh.
Ost-Tibet
(Inv.-Nr. 8641)
Sammlung Gordon T. Bowles

Aus einem Stück Leder gefertigter genähter Sack mit eingesäumtem Rand, schmalen Verschlußriemen und breiteren Riemen zur Befestigung am Sattel. Für den Transport kleinerer Lasten (Lebensmittel, Trinkschalen u.a.m.)

Bekleidung und Schmuck

Das traditionelle Männer- und Frauenobergewand ist der mantelartige *Chu pa* (s. Katalog-Nr. 74). Dieses Bekleidungsstück ist in der Regel weit und knöchellang geschnitten. Die diagonal über der Brust verlaufende linke Gewandseite wird in Höhe der rechten Achsel meist mit breiten Stoffbändern, mitunter auch mit einer schmalen Knopflochschlinge und einem Metall- oder Stoffknopf verschlossen. Häufig befindet sich an der innenliegenden Kante der rechten Gewandseite eine zweite Verschlußvorrichtung gleicher Machart. Der *Chu pa* wird fast immer mit einem eng um die Taille geschlungenen, breiten Wickelgürtel (tib.: *sked rags*) aus Wollwebstoff, Baumwolle oder Seide gegürtet. In den meisten Provinzen Tibets war unter den Männern die Sitte verbreitet, den *Chu pa* über dem Gürtel aufzubauschen, so daß die Unterkante des Gewandes in Schienbeinhöhe lag. Vor allem die Männer aus der osttibetischen Provinz *Khams* und der südöstlichen Region *Koṅ po* trugen zudem mitunter nur den linken Arm im Gewandärmel und drapierten den herabhängenden rechten Ärmel auf dem Rücken. Frauen trugen dieses Kleidungsstück jedoch nahezu ausnahmslos hochgeschlossen und gerade bis auf Knöchelhöhe herabfallend.

32 Westtibeterin mit „Hals-Amulettbehälter" *(mgul ga)*

Unter dem *Chu pa* trugen die Frauen gewöhnlich langärmelige, einfarbige Schalkragenblusen, die Männer Hemden (tib.: *'og 'jug*) und mitunter auch Westen (tib.: *stod thuṅ*). Die beiden letztgenannten Kleidungsstücke waren häufig mit Stehkragen versehen. Rechtsseitig am Kragen sowie in Achsel- und in Taillenhöhe befanden sich Verschlußvorrichtungen, die meist aus Knopflochschlingen und verzierten Metallkügelchen oder Metallknöpfen bestanden.

Hosen (tib.: *gos thuṅ* oder *rkaṅ snam*) – im Bund weit geschnitten und etwa wadenlang – wurden als Untergewand fast nur von Männern getragen.

Zur Herstellung der einfachen Alltagsbekleidung verwendete man häufig einen groben Köperwollstoff (tib.: *snam bu*). Für feinere Kleidungsstücke, Festtagstrachten sowie zur Anfertigung der Mönchs- und Beamtenkleidung verarbeitete man neben zwei im Lande produzierten Sorten qualitativ hochwertiger Köperstoffe (tib.: *ther ma* und *gśer ma*) auch Brokat, Seiden-, Baumwoll- und Flanellstoffe, die man aus Indien, Bhutan und China importierte.

Das Schuhwerk für Männer und Frauen bestand in der Regel aus mehrsohligen hohen Schaftstiefeln, die mit bunten Stiefelbändern aus Webstoff unterhalb des Knies gebunden wurden. Neben vollständig aus gegerbtem Leder gefertigen Stiefeln gab es auch solche, deren Schaft und Füßling aus textilen Materialien (Wolle, Baumwolle, Brokat, Samt, Flanell) hergestellt wurden. Zentraltibetische Stiefel waren reich mit Stickereien und Applikationen verziert (s. Katalog-Nr. 77). Die Form- und Farbgebung der Stiefel für höhere Beamte und geistliche Würdenträger war durch besondere Vorschriften der Kleiderordnung reglementiert. Zu erwähnen sind in diesem Zusammenhang die sogenannten „Regenbogenstiefel" (tib.: *'ja 'lham*) für Beamte, deren Schaft und Vorderblatt mit Zierbändern aus feingedrehter, in zehn Schattierungen farblich abgestufter Seidenkordel verziert waren.

Die umfangreiche Typologie des tibetischen Körper- und Gewandschmucks, umfaßt u.a. Haarschmuck, Halsketten, Ohrringe und -gehänge, Armreifen, Fibeln, Broschen, Gürtelspangen und die formenreiche Gruppe des – für den tibetischen Kulturkreis charakteristischen – Amulettbehälters (tib.: *ga'u*; s. Katalog-Nr. 80). Die besondere Wertschätzung, derer sich vor allem der Körperschmuck – bei Männern wie Frauen gleichermaßen – erfreute, beruhte nicht ausschließlich auf seiner ornamentierenden Eigenschaft, sondern darüber hinaus auch auf einer schützenden, unheilabwehrenden oder heilsamen Funktion, wie dies insbesondere am Beispiel des *Ga'u* deutlich wird. Auch bestimmte Schmucksteine galten als glückbringend oder unheilabwehrend. So soll beispielsweise der Türkis Gifte unwirksam machen und bei Gelbsucht helfen, die Koralle Schönheit und Kraft verleihen und bei Frauen die Menstruation günstig beeinflussen, der *gZi*-Stein (geätzter Achat) Dämonen abwehren und das persönliche Glück vermehren.

33 Frau aus der Provinz *dBus* mit dem regionaltypischen Kopfputz

Einige Schmuckstücke hatten ausgesprochene Signalfunktion, wie zum Beispiel eine ziselierte und mit Schmucksteinen besetzte Metallscheibe, die in Zentraltibet nur von den verheirateten Frauen als Haarschmuck am Hinterkopf getragen wurde. Auch das lange Ohrgehänge (tib.: *sog. sbyil*), welches die Laien-Beamten als Rangabzeichen im linken Ohr trugen, und der kleine ovale Amulettbehälter-Haarschmuck der Adligen sind in dieser Kategorie von Schmuckstücken zu erwähnen.

Regionaltrachten

Für eine Vielzahl tibetischer Trachtenbestandteile, seien es Kleidungsstücke, wie *Chu pa*, Hemden, Blusen u.a.m. oder Schmuckstücke (Ringe, Ketten, Broschen, Ohrringe, Amulettkästchen) und Accessoires (Gewandspangen, Gürtel und Gürtelgehänge, wie z.B. Börsen, Feuerzeuge und Messer), erweist

1 2 3 4 5 6 7

Frauentrachten:

Frau aus *Koṅ po* (1);
Frau aus Zentraltibet (*dBus* oder *gTsaṅ*) in Alltagstracht (2);
Nomadin aus Südwest-Tibet (3);
Frau aus dem osttibetischen Bezirk *sDe dge* (in *Khams*) (4);
Frau aus dem osttibetischen Bezirk *Tre'o* (in *Khams*) oder der Provinz *A mdo* (5);
Frau aus *gTsaṅ* in Festtagstracht (6);
Frau aus *dBus* in Festtagstracht (7);

1 2 3 4 5 6 7

Männertrachten:

Beamter der zivilen Verwaltung in Amtstracht (1);
Sekretär in Amtstracht (2);
Händler aus dem osttibetischen Bezirk *Tre'o* (in *Khams*) *(3);*
Männer in den Regionaltrachten von *Khams* (4), *A mdo* (5) und Zentraltibet (*dBus* u. *gTsaṅ*) *(6);*
Händler aus *Koṅ po* (7).

sich der Versuch einer exakten regionalen Zuordnung als überaus schwierig. Dieser Umstand ist vor allem in der Tatsache begründet, daß bestimmte Schnittmuster sowie die Formgebung und ornamentale Ausgestaltung vieler ursprünglich regionaltypischer Accessoires sich im gesamten tibetischen Kulturraum großer Beliebtheit erfreuten und – begünstigt durch Auftragsarbeiten und Wanderhandwerkertum – weite Verbreitung erfuhren. In den folgenden, unvollständigen Ausführungen zur Typologie der tibetischen Trachten sind daher nur die wesentlichsten Charakteristika einiger Regionaltrachten berücksichtigt.

Die regionale Männertracht der zentraltibetischen Provinzen *dBus* und *gTsaṅ* bestand meist aus einem in dunklem Braun-, Rot- oder Blauton gehaltenen *Chu pa* und einem weißen Stehkragenhemd. Als Kopfbedeckung trug man den brokatbesetzten, fellgefütterten „Langlebenshut" (s. Katalog-Nr. 76). Die Frauen Zentraltibets trugen ärmellose *Chu pa* und langärmelige, leichte Seidenblusen, bevorzugt in hellen Farben (Rosa, Hellblau, Lindgrün). Buntgestreifte, etwa knielange Schürzen (tib.: paṅ gdan) wurden von den erwachsenen, verheirateten Frauen über dem *Chu pa* getragen. In einigen zentraltibetischen Gebieten, vor allem aber in West- und Südtibet, waren rechteckige, gestreifte Rückenwärmtücher (tib.: *rkad dkris*), die diagonal in Dreiecksform gefaltet und mit einem Gürtel in Taillenhöhe befestigt wurden, ein

69 Mönchsstiefel

Leder, Wolle, Baumwolle
Höhe: 48 cm; Länge: 31,5 cm
20. Jh.
Ost-Tibet
(Inv.-Nr. 8595 a, b)
Sammlung Gordon T. Bowles

Schaftstiefel mit hochgebogener Spitze für Mönchsbeamte. Die Füßlinge sind aus dickem beigefarbenem Baumwollstoff, die mehrlagige Sohle aus Leder gefertigt. Die Stiefelschäfte sind oben mit braunrotem Baumwoll(?)-, unten mit rotem Wollstoff eingefaßt und auf der Vorderseite mit einem geschlitzten, auf der Rückseite mit einem durchgehenden schmalen Streifen aus rotem Samt besetzt.

Farbtafel 67

Beschreibung siehe Seite 111

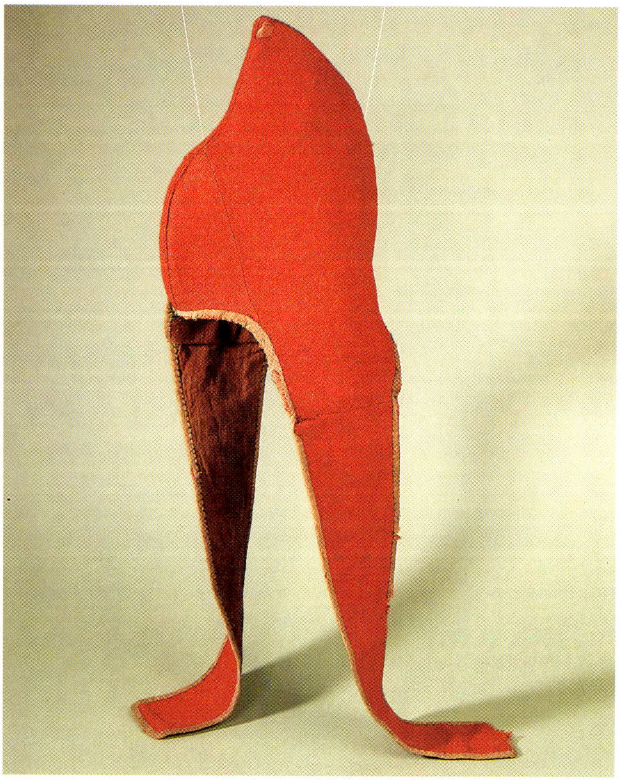

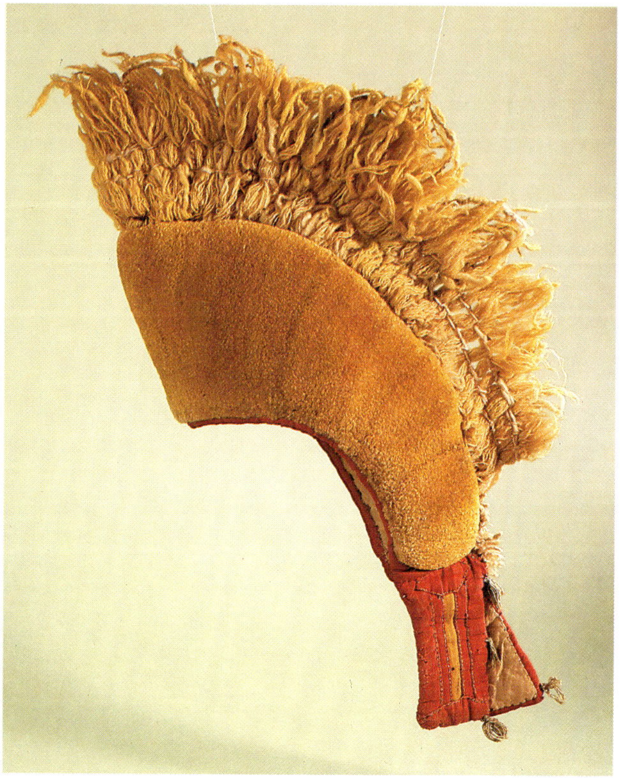

70 Lama-Mütze

(tib.: *bla źva*)

Filz, Wolle, Baumwolle
Höhe: ca. 79 cm (mit Ohrenklappen)
20. Jh.
Ost-Tibet
(Inv.-Nr. 8584)
Sammlung Gordon T. Bowles

Spitze Mütze mit langen Ohrenklappen aus rotem Wollstoff und Filz mit rotem Baumwollstoff-Futter und schmaler Einfassung aus beigem Baumwollstoff. Wie bei dem etwas höheren und prachtvoller ausgestalteten „Gelehrten-Hut" (tib.: *paṇ źva*), dessen Formgebung als Vorbild für die Ausgestaltung dieser Mütze diente, werden die Seitenklappen häufig zurückgeklappt hinter den Ohren getragen.

Dieser Mützentypus gehört zur Lama-Ausstattung der *rÑiṅ ma pa-* und *bka' brgyud pa*-Schulen.

71 Mönchskappe

(„Spitz-Kappe"; tib.: *rtse źva*)

Wolle, Baumwolle
Höhe: ca. 15 cm (ohne Fransenbesatz)
19.–20. Jh.
Ost-Tibet
(Inv.-Nr. 8587)
Sammlung Gordon T. Bowles

Diese Kappe besteht aus einem gelben Wollstoff-Streifen mit gleichfarbigen Wollfransenbesatz. Die Einfassung des Kappenrandes ist aus rotem Baumwollstoff gefertigt. Die im Nacken des Trägers zu befestigenden Streifenenden tragen einen rechteckigen Besatz aus rotem und gelbem Baumwollstoff.

Die Entstehung dieses Kappentypus, der in allen Schulen des tibetischen Buddhismus gebräuchlich ist, jedoch überwiegend als Bestandteil der Mönchsausstattung in der *dGe lugs pa*-Schule Verwendung findet,

wird nach der tibetischen Überlieferung auf eine Begebenheit im Leben des Mönchsgelehrten *dGoṅs pa rab gsal* (9. Jh.) zurückgeführt: Dieser soll – zur Zeit der grausamen Unterdrückung des Buddhismus durch den zentraltibetischen Herrscher *gLaṅ dar ma* (838–42) – auf der Flucht vor seinen Verfolgern zum Schutz gegen Kälte und Wind zwei Streifen seiner Gürtelschärpe abgetrennt und in Form einer Kappe mit steil aufragenden Fransenbesatz vernäht haben. Als sich kurze Zeit danach mit dem gewaltsamen Tod des Herrschers die politischen Umstände zugunsten einer buddhismusfreundlicheren Haltung änderten, maß man der Kappe des *dGoṅs pa rab gsal*, der als einer der wenigen überlebenden Mönche maßgeblichen Anteil an der Wiederbelebung der buddhistischen Tradition hatte, glückverheißende Bedeutung bei und gestaltete nach ihrem Vorbild die seither gebräuchliche Form der „Spitz-Kappe" (tib.: *rtse źva*).

72 Chab blug

Tuch: Seidenbrokat, Baumwolle, Seide
24,5 × 31,5 cm
Flakon: Messing, Holz
Höhe: ca. 5,5 cm
20. Jh.
Ost-Tibet
(Inv.-Nr. 8596)
Sammlung Gordon T. Bowles

Das *Chab blug* ist eine der Paraphernalia, die zur Ausstattung des vollordinierten buddhistischen Mönches (sanskr.: *bhĭkṣu;* tib.: *dge sloṅ*) gehören. Die ursprüngliche Funktion dieses Gegenstandes als Wasserbehältnis für die nach Beendigung der Mahlzeiten zu vollziehende Mundreinigung und als Schneuz- und Mundreinigungstuch, ist im Laufe der Zeit weitgehend verlorengegangen; der Gebrauch blieb auf streng ritualisierte Mundwaschungen beschränkt. Unter Beibehaltung der in Indien kodifizierten monastischen Kleiderordnung trat in Tibet die Bedeutung der funktionalen Eigenschaft des *Chab blug* in den Hintergrund gegenüber seiner Signalfunktion, die den Mönchsstatus seines Trägers bezeichnete und gab so der mehr dekorativen Gestaltung dieses Ausstattungsobjektes und seiner Bestandteile Raum.

Das abgebildete *Chab blug* besteht aus zwei an den Oberkanten und seitlich mit wenigen Stichen miteinander vernähten, rechteckigen Seidenbrokatstreifen, deren nach außen weisende Seiten im Bienenwabendekor gemustert sind sowie einem Messingflakon, der in der Mitte der Oberkanten zwischen den beiden baumwollstoffgefütterten Stofflagen eingenäht ist. Der hölzerne Flakonstöpsel ist mit einem in Form einer stilisierten Lotosblüte gehaltenen Messingknauf versehen. Zu beiden Seiten des Flakons sind die Enden einer Kordel, die zur Befestigung des *Chab blug* am Gürtel des Mönchsgewandes dient, mit der Oberkante der Brokatstreifen vernäht. Zwei dekorative Anhänger mit je zwei Quasten sind an der Aufhängvorrichtung befestigt. Die Kordel des rechts befindlichen ist in Form des glückverheißenden „unendlichen Knotens" (tib.: *dpal gyi be'u*) verknüpft.

73 Mönchsweste

(tib.: *gos chen stod 'gags*)

Wolle, Brokat, Seide
ca. 58 × 81 cm
20. Jh.
Ost-Tibet
(Inv.-Nr. 8591)
Sammlung Gordon T. Bowles

Prachtvolle Weste für den festlichen Mönchsornat aus rotem Wollstoff mit seidengefüttertem Schalkragen und blütengemustertem Brokatbesatz im oberen Bereich des Vorder- und Rückenteils. Die flügelartig gestalteten Armstulpen sind aus dunkelrotem Wollstoff gefertigt.

Dieser Westentypus soll nach einer tibetischen Legende im Auftrag des Königs *Khri srong lde brtsan* (755–795) entworfen und dem indischen Mönchsgelehrten *Śāntarakṣita*, der auf Wunsch des Herrschers mit der Konstruktion von *bSam yas*, des ersten buddhistischen Klosters auf tibetischem Boden, betraut wurde, als Geschenk überreicht worden sein.

74 Festliches Oberkleid

(tib.: *gos chen chu pa*)

Brokat, Baumwolle, Samt
ca. 111 × 139 cm
20. Jh.
Ost-Tibet
(Inv.-Nr. 11004)
Sammlung Ernst Schäfer

Der *Chu pa* ist das traditionelle tibetische Männer- und Frauenobergewand. Material, Farbgebung und Dekor variieren regional; typisch ist jedoch der weite, meist kragenlose Schnitt und der seitliche Verschluß durch unterhalb der Achsel und innerhalb des Gewandes in Schlüsselbeinhöhe befestigte Bänder oder schmale Schlaufen und Kordeln. Frauen-*Chu pa* sind häufig ärmellos, die Ärmel der Männer-*Chu pa* meist überlang.

Der hier abgebildete Männer-*Chu pa* stammt aus der osttibetischen Region *Khams* oder dem südosttibetischen *A mdo*. Er dürfte als Festtagsgewand – von hochrangigen oder wohlhabenden Persönlichkeiten auch als Alltagsgewand – getragen worden sein und ist aus kostbarem, lachsfarbenem Seidenbrokat chinesischer Provenienz gefertigt. Das Grundmuster zeigt Blüten- und Blumenmotive sowie verschiedene Variationen des *Shou*-Symbols für langes Leben, teils mit integrierten *Svastika*-Ornamenten. Die äußeren Abschlußkanten der Ärmelöffnungen und des Kragens sowie die untere Kante des Gewandes sind mit Samtstreifen besetzt. Zwei rote Seidenbänder, die unterhalb des rechten Ärmelansatzes zu verschnüren sind, dienen als Verschluß des Gewandes. Das Innenfutter aus maschinengewebtem indischem Baumwollstoff (rotes und violettes Blütenmuster auf blauem Grund) dürfte nachträglich eingesetzt worden sein.

75 Fuchspelzmütze

(tib.: *wa źva*)

Baumwolle, Fuchspelz, Wolle, Leder
Höhe: ca. 15 cm (Pelzverbrämung)
Länge des Nackenschutzes: ca. 30 cm
20. Jh.
Ost-Tibet
(Inv.-Nr. 8605)
Sammlung Gordon T. Bowles

Diese Fuchspelzmütze für Männer gehört zur Regionaltracht der osttibetischen Provinzen *Khams* und *A mdo*. Am unteren Rand des mehrlagigen Kopfteils aus Baumwolle (außen rot, innen rosafarben), dessen eingesäumte Spitze von einer breiten Kordel durchzogen ist, befindet sich eine breite, fuchspelzverbrämte Krempe aus weißem Baumwollstoff. Als Nackenschutz dient ein fuchspelzgefütterter Baumwollstreifen (Blütenmuster und Schmetterlingsmotive auf rotem Grund), als Kinnriemen zwei schmale Lederstreifen, die zu beiden Seiten des Nackenschutzes im Inneren der Mütze befestigt sind.

76 „Langlebenshut"

(tib.: *tshe riṅ źva mo*)

Brokat, Filz, Pelz
Höhe: 12,7 cm
20. Jh.
Zentral-Tibet
(Inv.-Nr. 11062)
Sammlung Ernst Schäfer

Frauen- und Männerhut aus der zentraltibetischen Provinz *dBus*. Gefertigt aus brokatbesetztem Filz mit pelzverbrämten Stirn-, Nacken- und Ohrenklappen. Wohl aufgrund des volkstümlich als glückverheißend empfundenden Goldbrokatbesatzes trägt diese Kopfbedekkung die Bezeichnung „Langlebenshut".

77 Frauenstiefel

(tib.: *zom pa*)

Wolle, Baumwolle, Leder
Höhe: ca. 41,5 cm
Länge der Sohlen: ca. 22,3 cm
20. Jh.
Zentral-Tibet oder Indien
(Inv.-Nr. 11058)
Sammlung Ernst Schäfer

Dieses Paar aufwendig verarbeiteter Frauenstiefel im zentraltibetischen Stil der Stadt Lhasa und Umgebung ist relativ neu (ca. 1960) und wurde vermutlich von tibetischen Flüchtlingen im indischen Exil angefertigt. Die aus schwarzem Wollstoff gefertigten Stiefelschäfte tragen entlang der geschlitzten Rückseitennähte violettfarbene Applikationen aus Baumwollstoff. Das obere Drittel der Schaftinnenseiten ist mit geblümtem Baumwollstoff gefüttert. Die Oberseiten der mit den Schäften vernähten Vorderblätter aus rotem Wollstoff sind mit floralen Motiven bestickt. Auf den Schaftvorderseiten und über den Nähten von Vorderblättern und Schäften sind in Dreiecksform auslaufende Wollstoffstreifen appliziert, die ornamental mit mehrfarbigen „Freudenwirbel-Juwelen" (tib.: *nor bu dga' 'khyil*) und floralem Dekor bestickt sind. Die Seiten der mehrlagigen Sohlen – die Innensohlen sind aus zusammengehefteten Stoffresten, die Außensohlen aus mehreren Lagen Leder gefertigt – sind mit einem Mäanderband verziert.

78 „Bienenstock"-Ohrgehänge

(tib.: *rnal loṅ sbraṅ tshaṅ ma*)

Silber, Koralle, Halbedelstein
Länge: 9,5 cm
19.–20. Jh.
Ost-Tibet
(Inv.-Nr. 8622 a, b)
Sammlung Gordon T. Bowles

Typisches Frauen-Ohrgehänge der osttibetischen Provinz *Khams*. Die einheimisch-typologische Bezeichnung „‚Bienenstock'-Ohrschmuck" beruht auf der Formgebung der im Gehänge zu beiden Seiten der zentralen Korallenperlen aufgereihten Silberzierstükke. Am oberen und unteren Abschluß des Gehänges ist je eine Korallenperle kleineren Durchmessers aufgereiht. Die Außenseiten der Ohrringe sind mit je einem in blütenförmigen Silberrosetten gefaßten grünen Halbedelstein besetzt.

79 „*Koṅ-po*-Gürtel"

(tib.: *koṅ chab*)

Silber, Leder
Länge: 112 cm
20. Jh.
Ost-Tibet
(Inv.-Nr. 11074)
Sammlung Ernst Schäfer

Dieser kunstvoll gestaltete Frauengürtel aus dem östlich der Zentralprovinz *dBus* gelegenen Bezirk *Koṅ po* wurde über dem für diese Region typischen ponchoartigen Überwurf (tib.: *'go śu*) des festlichen Obergewandes getragen.

Auf dem breiten, zur Verschleißseite hin schmaler verlaufenden Ledergurt sind durch rückseitige Falzklammern fünf längliche, rechteckige Besatzstücke aus Silber befestigt, deren Vorderseiten mit je einer zentralen, von durchbrochenem floralem Rankendekor umgebenen Symboldarstellung verziert sind. Die mittlere Silberplatte trägt die Darstellung des glückverheißenden „Unendlichen Knotens" (tib.: *dpal gyi be'u*). Sie wird zu beiden Seiten von je einem Besatzstück mit der zentralen Darstellung einer mit „Wunschedelsteinen" (tib.: *yid bźin nor bu*) gefüllten Schale flankiert.

An den Unterkanten dieser beiden Besatzstücke sind ovale Ringösen zur Befestigung von dekorativen Gürtelgehängen, wie Börsen, Feuerzeuge oder Messer (vgl. Katalog Nr. 83) angebracht. Die beiden äußeren Silberplatten zeigen die Darstellung je eines mit zurückgewandtem Kopf in kauernder Haltung verweilenden Tieres, vermutlich eines Schafs. Die silberne Gürtelschnalle ist mit einem gravierten „Freudenwirbel-Juwel" (tib.: *nor bu dga' 'khyil*) verziert.

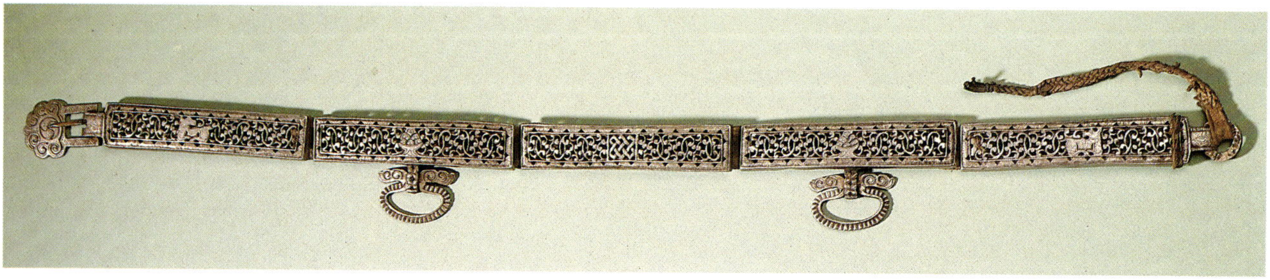

80 Drei „Schmuck-Ga'us"

Abb. a: Messing mit Vergoldung, Silber, Türkise
ca. 6,5 × 5,5 cm
20. Jh.
Ost-Tibet
(Inv.-Nr. 11038)
Abb. b: Silber, Eisen, Lapislazuli, Türkise
ca. 9,2 × 9,2 cm
19.–20. Jh.
Zentral-Tibet
(Inv.-Nr. 11007)
Abb. c: Silber, Messing, Glas, Kupfer
⌀: 5,3 cm
19.–20. Jh.
Ost-Tibet
(Inv.-Nr. 11045)
Sammlung Ernst Schäfer

Die gegenstandsgebundene Funktion des im gesamten tibetischen Kulturgebiet verbreiteten und in den unterschiedlichsten Formen aus verschiedensten Materialien gefertigten *Ga'u* als Behältnis für schadensabwehrende Amulette und eine Vielzahl anderer geweihter Substanzen schließt seinen Gebrauch als Reiseschrein und Gegenstand der Verehrung ein (vgl. Katalog Nr. 2), erstreckt sich jedoch vor allem auf seine Verwendung als ein individuellen Schutz gewährendes Objekt. In der Entwicklungsgeschichte der stilistischen Ausgestaltung von Amulettbehältern, die dem persönlichen Schutz dienten und ihrer Zweckentsprechung nach am Körper – meist um den Hals oder über der Brust – getragen wurden, gewann die schmückende und ornamental-dekorative Qualität wohl schon sehr früh Vorrang gegenüber der ursprünglichen schützenden Primärfunktion. Der Typus des „Schmuck-*Ga'u*" zeichnet sich, neben dem häufig hohen Materialwert, durch Hervorhebung, Verfeinerung und prachtvolle Gestaltung der Dekorelemente aus.

Abb. a zeigt einen Frauen *Ga'u* aus Osttibet (wahrscheinlich aus dem Bezirk *sDe dge*). Die feuervergoldete Frontseite ist aus dickem Messingblech gefertigt und trägt einen unvollständigen, von aufgelöteten Filigranornamenten begrenzten, teils blütenförmig angeordneten Türkisbesatz in bitumengefüllten Blechkammer-Fassungen. Die Rückfront des Behälters besteht aus Silberblech und ist mit der Vorderfront zu beiden Seiten durch ineinandergreifende, versetzte Scharnierösen dicht schließend verbunden.

Die Frontseite des auf Abb. b dargestellten mandalaförmigen Amulettbehälters für Frauen ist mit zahlreichen Türkis- und Lapislazulisplittern besetzt. Der Besatz der durch den oberen Ringösenverschuß gezogenen Kette besteht aus fünf (imitierten?) Korallenperlen und vier Keramikimitationen der im tibetischen Kulturkreis äußerst kostbar erachteten *gZi*-Steine (geätzte Achate). Aufgrund des geringen Umfangs der Kette (ca. 12 cm) ließe sich vermuten, daß der Behälter am Handgelenk getragen wurde; wahrscheinlich handelt es sich jedoch um eine unvollständige Halskette, wie sie üblicherweise zur Befestigung des abgebildeten zentraltibetischen *Ga'u*-Typus gebräuchlich war.

Der runde, dosenartige Amulettbehälter von Abb. c trägt auf der Frontseite des Zylinders einen nachträglich als *Ga'u*-Deckelplatte umgearbeiteten Frauenkopfschmuck aus dem osttibetischen Bezirk *sDe dge* (tib.: *sde dge'i pa me*). Solche filigranverzierten Messingscheiben mit zentral gefaßtem Stein – hier ein blauer Glasstein – wurden über dem Stirnhaaransatz und am Hinterkopf getragen. Das Zylinderoberteil des Behältnisses, das zu beiden Seiten je eine angelötete Öse zur Befestigung einer Halskette trägt, ist aus Silberblech gefertigt und mit graviertem Rankendekor verziert. Das Bodenteil besteht aus Kupferblech.

81 Zwei Dolche

Abb. a: Silber, Stahl (Dolch); Holz, Silber, Baumwolle (Scheide)
38,5 cm (Gesamtlänge);
28 × 3 cm (Klinge)
20. Jh.
Bhutan
(Inv.-Nr. 10999)

Abb. b: Silber, Stahl (Dolch); Holz, Silber, Leder (Scheide)
41 cm (Gesamtlänge); 31 × 3,2 cm (Klinge)
20. Jh.
Osttibet
(Inv.-Nr. 11000)

Sammlung Ernst Schäfer

Abb. a zeigt ein bhutanesisches sogenanntes „speerspitziges Messer" (tib.: *gri mduṅ rtse ma*) mit glatter Klinge. Die Griffzone des Dolches ist mit geflochtenem Silberdraht umwickelt; der Griffknauf mit durchbrochenem floralem Dekor (Vorderseite) und versetztem Wabendekor (Rückseite) verziert. Der Silberblechbeschlag der hölzernen Dolchscheide ist mit drei, entlang des Oberrandes und im oberen und unteren Drittel quer verlaufenden, treibziselierten Ornamentbändern im Blüten- und Lotosblattdekor verziert.

Die Klingenblattoberfläche des osttibetischen Dolches (Abb. b) ist in der sog. „Wasserlinien-Form" (tib.: *chu ris*) geschmiedet. Die Holzscheide dieses Dolches ist mit Pferde- oder Maultierhaut bezogen und zu beiden

a
b

Enden mit breiten Silberblechen, deren nach innen weisende Enden mit treibziselierten Dekorbändern (in der Mitte: Rankenornamente) verziert sind, beschlagen.

Im oberen Bereich beider Scheiden befinden sich Vorrichtungen zur Befestigung der Dolche (Abb. a: Öse mit Schlaufe aus Baumwollstoff, Abb. b: Öse mit Lederriemen) am Gürtel des Männergewandes.

82 Gürtel mit „Feuerzeug-“ und Börsengehänge

Gürtel: Leder, Silber, Koralle
Länge: 104 cm (insgesamt);
27 cm (Silberbeschlag)
(Inv.-Nr. 14577)

Feuerzeug: Leder, Silber, Messing, Koralle, Halbedelstein
Ca. 15,2 × 6,5 cm; ca. 48 cm (Länge der Gliederkette)
(Inv.-Nr. 14578)

Börse: Leder, Silber, Messing, Koralle
Ca. 15,5 × 9,5 cm
(Inv.-Nr. 14579)

Ca. 20. Jh.
Tibet oder Mongolei

Gürtelgehänge, wie z. B. Feuerzeuge, Messer, Börsen oder Eßbesteckfutterale waren charakteristische Bestandteile des tibetischen Gewandschmucks. Neben der rein funktionalen Bedeutung, die diesen Accessoires beizumessen war, wurde häufig auch der schmückenden Funktion durch prachtvolle Gestaltung der Dekorelemente besonderer Ausdruck verliehen. Aufwendig gestaltete Stücke, wie der hier abgebildete, kostbar verarbeitete Gürtel mit Feuerzeug- und Börsengehänge, spiegelten den wohlsituierten Reichtum ihrer Träger wider und legen zugleich Zeugnis von der hochgradigen Kunstfertigkeit tibetischer Feinschmiede ab.

Der massive Silberbeschlag auf der Frontseite des Gürtels trägt als Schmucksteinbesatz drei relativ große Korallenperlen (⌀: 5,5 cm [Mitte], ca. 4 cm [links, rechts] in bitumengefüllten Kammerfassungen und ist mit treibziseliertem Dekor in Form zweier einander zugewandter, rankenumrahmter Drachen verziert. Der aus braunem Leder gefertigte Gürtelriemen ist mit 13 Silberblechrosetten, deren halbkugelförmig getriebene Zentren als „Freudenwirbel-“ (tib.: *dga' 'khyil*) Ornamente gestaltet sind, besetzt. Die Dekorzone der silbernen Gürtelschnalle ist in Form eines nach außen weisenden Lotosblattbandes gestaltet.

Das an einer doppelreihigen Gliederkette aus Silber, deren oberer Abschluß eine Ringöse mit lederner Châtelaine-Schlaufe bildet, befestigte „Feuerzeug“ besteht aus dem „Feuerstahl“ (tib.: *me lcags*) zum Funkenschlagen und der aufgesetzten, silber- und messingbeschlagenen Ledertasche, die der Aufbewahrung von Flintstein und Zunder dient. Den getriebenen Silberbeschlag entlang der Taschenränder und den gegossenen Messingbeschlag mit zentral gefaßter Korallenperle auf der Mittelzone der Tasche ziert floraler Rankendekor. An der silbernen Ösenaufhängung des Feuerzeugs ist neben der Gliederkette ein schmaler, gedrehter Lederriemen befestigt, der vermutlich zur Befestigung eines verlorengegangenen Ziergehänges (z. B. eines dekorativ verknüpften Quastengehänges) diente. An diesem Riemen ist ein durchbohrter gelber Halbedelstein aufgezogen.

Die Frontseite der ledernen Börse (zur Funktion vgl. Katalog Nr. 83) trägt entlang der Ränder Silberbeschläge, die mit getriebenen Drachen- und Vogelmotiven verziert sind. Die zentrale Dekorzone bildet die in einer blütenförmigen Silberrosette gefaßte Korallenperle, die beidseitig von je einem, in Form einer Lotosblüte gegossenen Messingbeschlag flankiert ist. An der in Form eines „Seeungeheuer“ (tib.: *chu srin* oder *ma ka ra*)-Kopfes gegossenen Ösenaufhängung ist eine braunrote Lederschlaufe zur Befestigung der Börse am Gürtel angebracht. Die Rückseite der Börse ist mit 16 halbkugelförmigen Knopfnieten beschlagen.

weiterer typischer Bestandteil der Frauentracht. Die aristokratischen Frauen der Provinz *dBus* trugen bei offiziellen und festlichen Anlässen einen dreiecksförmigen, perlen- und juwelenbesetzten Kopfputz (tib.: *spa phrug*), der über dem sorgfältig gescheitelten und kunstvoll gekämmten Haar befestigt wurde. Der für die Frauentracht der Provinz *gTsaṅ* charakteristische Kopfputz (s. Katalog-Nr. 85) besteht aus einem juwelenbesetzten Wollstoffschlauch, der mit einem über der Haarkrone der Trägerin steil aufragenden Holzbogen horizontal zum Scheitel gespannt wurde.

(Inv.-Nr. 11005)

Typisch für die Regionaltracht der osttibetischen Provinz *Khams* und *A mdo* sind lammfellgefütterte Seiden- oder Brokat-*Chu pa*, deren äußere Unterkanten, Ärmel- und Kragenränder mit Otterfell oder Samt besetzt sind. Im nordosttibetischen *A mdo* trug man auch *Chu pa*, die statt dessen mit Leopardenfell besetzt waren. Als Kopfbedeckung wurde in *Khams* – vor allem von den Männern – die warme „Fuchspelzmütze" (tib.: *wa źva*; s. Katalog-Nr. 75) bevorzugt. Ein hoher, breitkrempiger Hut mit einem roten Fransenbesatz war die typische Kopfbedeckung der Bewohner von *A mdo*. Die Nomaden der osttibetischen Provinzen trugen als Sommerbekleidung schlichte, naturfarbene *Chu pa* und Hemden aus Wollstoff, als Winterbekleidung warme *Chu pa*, die man aus 6–8 mit innenliegender Fellseite vernähten Lammfellen schneiderte. In *Khams* flochten die Nomadenmänner rote Wollbänder in ihr langes Haar, das sie mitunter durch geflochtene Schnüre und Yakhaar künstlich verlängerten, und besetzten den Zopf mit Schmuckringen und Spangen verschiedenster Art (s. Katalog-Nr. 86).

Zur Frauentracht des südosttibetischen Bezirks *Koṅ po* gehörte ein langer ponchoartiger *Chu pa*-Überwurf (tib.: *'go śu* oder *'go śubs*), dessen Außenseite in Taillenhöhe meist mit Applikationen aus kostbarem Brokat verziert war. Brokatbesetzt waren auch die flachen, runden Männerkäppchen (tib.: *pad źva*) und die etwas höheren, schnabelförmigen Frauenkappen der Regionaltracht.

Mönchsbekleidung

Die Mönchsbekleidung wurde in der Regel von spezialisierten Mönchsschneidern in den Klöstern hergestellt, da für die Anfertigung der Roben detaillierte Kenntnisse der bereits in der indischen Literatur zur Mönchsdisziplin (sanskr.: *vinaya*; tib.: *'dul ba*) kodifizierten Vorschriften zur monastischen Kleiderordnung erforderlich waren. So waren u.a. die Schnittmuster der Mönchsgewänder, wie auch deren Material und Farbgebung reglementiert. Als geeignete Textilien zur Robenherstellung galten traditionellerweise die „Sieben Materialien für *Dharma*-Bekleidung" (tib.: *chos gos kyi rgyu bdun*): Wolle (tib.: *bal*), zwei verschiedene Arten von Leinen (tib.: *rtsva śa na* und *zar ma*), Baumwolle (tib.: *ras*), Jute (tib.: *rtsva ko tam pa*), eine bestimmte Art feinen indischen (Seiden-?) Stoffes (tib.: *du gu* oder *du ku*) und der (nicht identifizierte) „Stoff der westlichen Grenze“ (sanskr.: *aparāntakam*; tib.: *ñi 'og gi gos*). Als Farben der buddhistischen Mönchskleidung waren alle Rot- und Gelbtöne, für einige Details (beispielsweise der Mönchsweste) auch Blautöne erlaubt; vorherrschend in der tibetischen Mönchstracht ist jedoch ein warmes Bordeauxrot.

Die Grundausstattung der *dGe tshul* (sanskr.: *śramaṇera)* – das sind Novizen und Mönche, die sich zur Einhaltung der mit der ersten Ordinationsstufe verbundenen 36 Gelübde verpflichteten – besteht aus den folgenden Kleidungsstücken: *Śam thabs*, ein dunkelrotes wickelrockartiges Gewand ist aus einer langen, rechteckigen Stoffbahn gefertigt, deren Schmalseiten entlang der Kanten miteinander vernäht sind. Es wird in Taillenhöhe mit einem gelben oder roten Wickelgürtel (tib.: *sked rags*) gegürtet. *sTod 'gags* ist die ärmellose Mönchsweste. Sie ist mit einem Schalkragen und flügelartigen Armstulpen (vgl. Katalog-Nr. 73) versehen. Einfache Mönchswesten werden meist aus rotem und gelbem Woll- oder Baumwollstoff gefertigt; Westen des festlichen Ornats sind zudem mit applizierten Seiden- und Brokatstoffen verziert. *gZan*, eine lange rechteckige Stola aus dunkelrotem Woll- oder Baumwollstoff, wird über der Weste getragen. Dieser Überwurf wird so drapiert, daß die linke Schulter des Trägers bedeckt ist, die rechte Schulter und der rechte Arm jedoch frei bleiben. *Zlam gam*, ein Cape aus dickem Wollstoff, ist vor allem in der *dGe lugs pa*-Schule des tibetischen Buddhismus als Bestandteil der Mönchsausstattung in Gebrauch.

Die Unterwäsche besteht meist aus einem ärmellosen, gelb- oder rotfarbenen Unterhemd (tib.: *ṅul len*) und einem gelben Unterrock (tib.: *smad g.yogs*). Als Schuhwerk tragen die Mönche hohe Schaftstiefel mit opankenartig geformten Füßlingen.

Zur Ausstattung der vollordinierten Mönche (tib.: *dge sloṅ*; sanskr.: *bhikṣu*) gehört außer den genannten Bekleidungsstücken ein gelber Stolaüberwurf (tib.: *chos gos snam sbyar*), der über dem *gZan* getragen wird und wie dieser über der linken Schulter zu drapieren ist, und verschiedene Ausrüstungsgegenstände, wie beispielsweise ein Wasserflakon und ein Mundreinigungstuch (tib.: *chab blug;* s. Katalog-Nr. 72), das am Gürtel des Untergewandes befestigt wird.

Als Kopfbedeckungen gibt es eine Vielzahl von – je nach Schulzugehörigkeit des Trägers und seiner Stellung innerhalb der Klosterhierarchie unterschiedlichen – Kappen, Mützen und Hüten. Erwähnt sei hier lediglich die in allen Schulen des tibetischen Buddhismus gebräuchliche „Spitz-Kappe“ (tib.: *rtse zva;* s. Katalog-Nr. 71), deren Charakteristikum ein gelber, kammartiger Wollfransenbesatz ist.

83 Börse (tib.: *spa khug*) und „Feuerzeug“ (tib.: *me lcags*)

Abb. a: Leder, Messing, Silber, Halbedelsteine
Ca. 6 × 12 cm
19.–20. Jh.
Osttibet
(Inv.-Nr. 8650 a)

Abb. b: Leder, Eisen, Silber, Messing, Halbedelstein
Ca. 6,5 × 12,5 cm
19.–20. Jh.
Osttibet
(Inv.-Nr. 8651)

Sammlung Gordon T. Bowles

Dekoratives Gürtelgehänge aus dem osttibetischen Bezirk *sDe dge.*

Die Tasche (Abb. a) diente als Geldbörse und zur Aufbewahrung von Utensilien für den alltäglichen Bedarf (Nähgarn, Nadeln u. a. m.). Die Frontseite der Tasche ist mit im Rankendekor getriebenen Silber- und Messingbeschlägen und drei in Silberblechrosetten gefaßten Schmucksteinen (Mitte: Bernstein, links und rechts oben: roter Halbedelstein) verziert. Die lederne Châtelaine-Schlaufe ist mit sechs schmalen, quer zum Riemen verlaufenden Blechspangen und einem rautenförmigen Zierblech beschlagen. Der an der Taschenunterseite mit einer Ringöse befestigte Lederanhänger trägt ein ebensolches Zierblech und vier Knopfnieten als Beschlag.

Die auf Abb. b abgebildete „Feuerzeug“-Tasche ist ein weiteres charakteristisches Accessoire der osttibetischen Regionaltracht. Die über dem „Feuer-Stahl“ (tib.: *me lcags*) aufgesetzte Ledertasche trägt dem Schmuckbesatz der Börse ähnelnde Dekorelemente: Entlang der Taschenränder im Rankendekor gehaltene Messing- und Silberbeschläge, in der Mitte einen in blütenförmiger Silberrosette gefaßten roten Halbedelstein und zwei Knopfnieten links und rechts neben der Steinfassung im oberen Bereich der Tasche. Die unverzierte Châtelaine-Schlaufe aus Leder ist mit einer Ringöse am Feuerzeug befestigt.

Börsen und „Feuerzeuge“ dieser Größe wurden am Gürtel der Frauentracht getragen. Männer bevorzugten größere und häufig auch aufwendiger verarbeitete Stücke.

84 Gürtelgehänge

Leder, Eisen, Messing (Feuerzeug); Messing (Glocke, Petschaft); Baumharz? (Siegelmasse); Schafsknochen; Tierhaut, Leder (Riemen)
Ca. 14 × 6 cm (Feuerzeug)
19.–20. Jh.
Osttibet
(Inv.-Nr. 8652)
Sammlung Gordon T. Bowles

Dieses schlichte Gürtelgehänge mit Utensilien für den alltäglichen Gebrauch stammt wahrscheinlich aus dem Besitz eines osttibetischen Nomaden.

An der Befestigungs- und Tragevorrichtung aus ungegerbter Tierhaut sind ein Feuerstahl (tib.: *me lcags*) mit unverziertem Ledertaschenaufsatz und zwei Knochenfragmente aus dem Kniegelenk eines Schafes (tib.: *the khe [?] rus dum*) befestigt. Nach volkstümlicher Auffassung galten solche Schafsknochen im Hinblick auf eine zu erwartende Vermehrung des Viehbestandes als glücksverheißend. Auf dem oberhalb des glatten, zylinderförmigen Knochenstücks am Hautstreifen befestigten, gedrehten Lederriemen sind ein Petschaft (tib.: *thel rtse*) aus Messing, ein Stück harzhaltiger Siegelmasse (tib.: *la cha*) und ein Messingglöckchen (tib.: *khro lo*), dessen Läuten ein unbeabsichtigtes Herabfallen des Gürtelgehänges signalisieren soll, aufgereiht.

85 Frauenkopfputz aus *gTsaṅ*

(tib.: *gtsaṅ gi spa phrug*)

Wolle, Silber, Türkis, Koralle, Glas, Messing
117 cm (Umfang des Stoffringes)
Ca. 20. Jh.
Zentraltibet
(Inv.-Nr. 11061)
Sammlung Ernst Schäfer

gTsaṅ gi spa phrug, der typische Kopfputz wohlhabender Damen aus der im Südwesten Zentraltibets gelegenen Provinz *gTsaṅ* wurde über dem Scheitel der kunstvoll verflochtenen Regionalhaartracht – die, dem Prinzip der „heiligen Zahl" 108 entsprechend, häufig aus ebenso vielen Zöpfen bestand – montiert.

Das Gerüst des Kopfputzes besteht in der Regel aus einem mit hartem Material (Holz, gepreßte Stoffreste, Steine) gefüllten ringförmigen oder ovalen Stoffschlauch, der durch einen beidseitig auf den Wulstinnenseiten angesetzten Holzbogen horizontal über das geflochtene Haar gespannt wurde. Die Zöpfe wurden unter- und innerhalb des Stoffwulstes parallel mit diesem ausgerichtet und beidseitig daran befestigt. Die Überlängen der nun zu beiden Seiten unterhalb des Kopfputzes herabhängenden Zopfenden wurden zu zwei dickeren Zöpfen verflochten.

Der zu dem vorliegenden Objekt gehörige originale Holzbogen ist verlorengegangen und 1989 rekonstruiert worden. Der Wulstring aus rotem Wollstoff ist mit zahlreichen Türkisen und Korallenperlen sowie mit zwei ovalen, türkisbesetzten Silberbroschen – den sog. „Türkis-Hörnern" (tib.: *g.yu rva*) geschmückt. Drei Broschen gleicher Machart zieren auch den in der Mitte des Wulstrings befestigten länglichen Schlauch aus Wollstoff. Dieser wurde mittels des am oberen Ende befindlichen Hakenverschlusses am Holzbogen (in vertikaler Achse zum Hinterkopf der Trägerin) befestigt. Die beiden an der Stirnseite des Stoffringes befestigten Glasperlenstränge wurden in schrägem Winkel nach hinten über den Holzbogen gespannt.

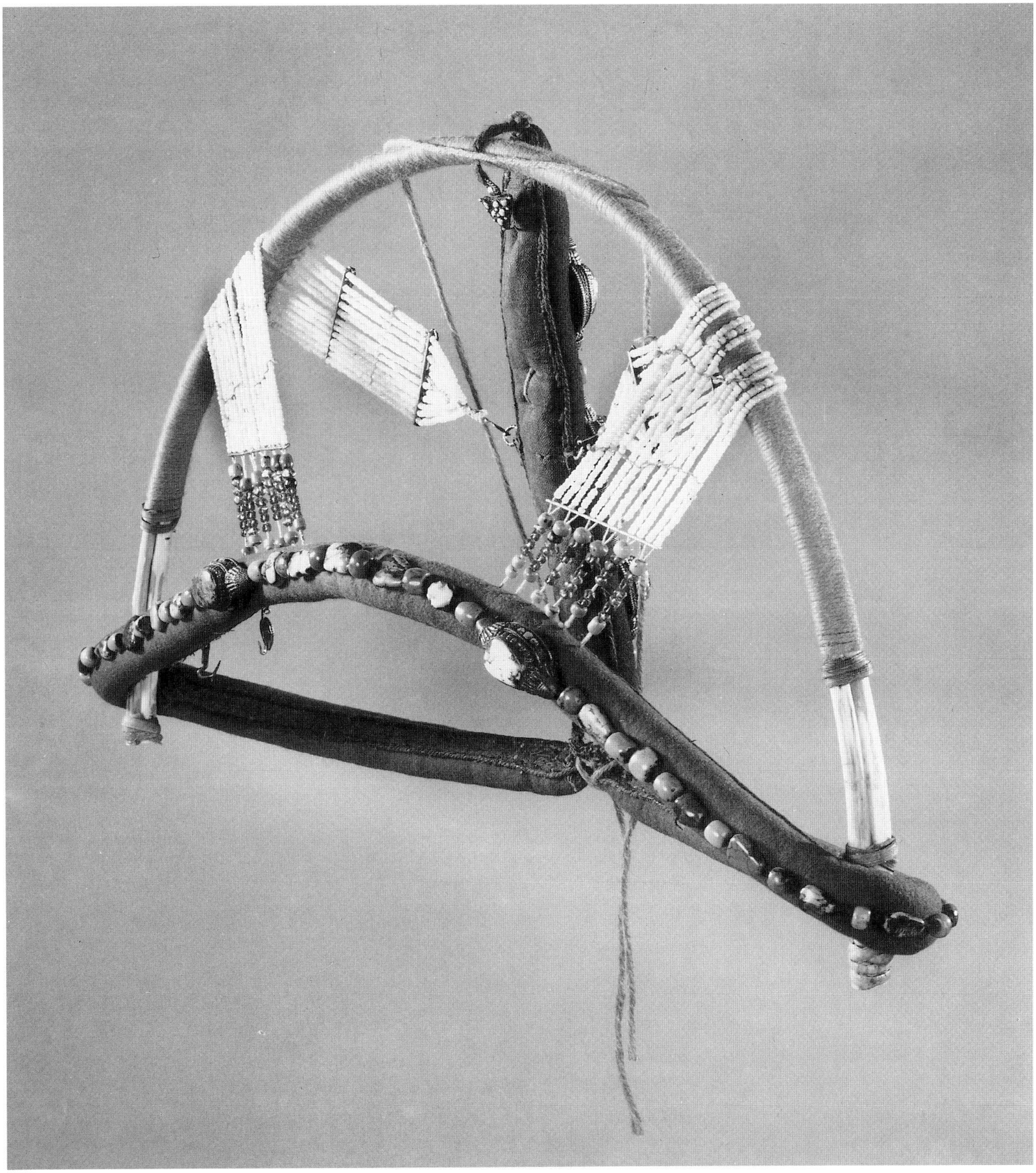

86 Haarzopf mit Schmuckbesatz

Menschen- oder Yakhaar, Baumwolle;
Silber, Messing, Koralle, Türkise, Halbedelsteine
Länge: ca. 100 cm (ohne Kordel)
Ca. 20. Jh.
Osttibet
(Inv.-Nr. 8618)
Sammlung Gordon T. Bowles

Dieser beidseitig mit geflochtener Kordel verlängerte Haarzopf wurde – häufig zusammen mit roten Bändern oder Wollfransen – in die regionale Männerhaartracht osttibetischer Nomaden eingeflochten. Der Haarschmuck (tib.: *'gu ya*) – fünf rechteckige Spangen aus Messing- und Silberblech und zwei rosettenförmige Silberringe – ist mit zahlreichen gefaßten Korallen, Türkisen und anderen Halbedelsteinen besetzt.

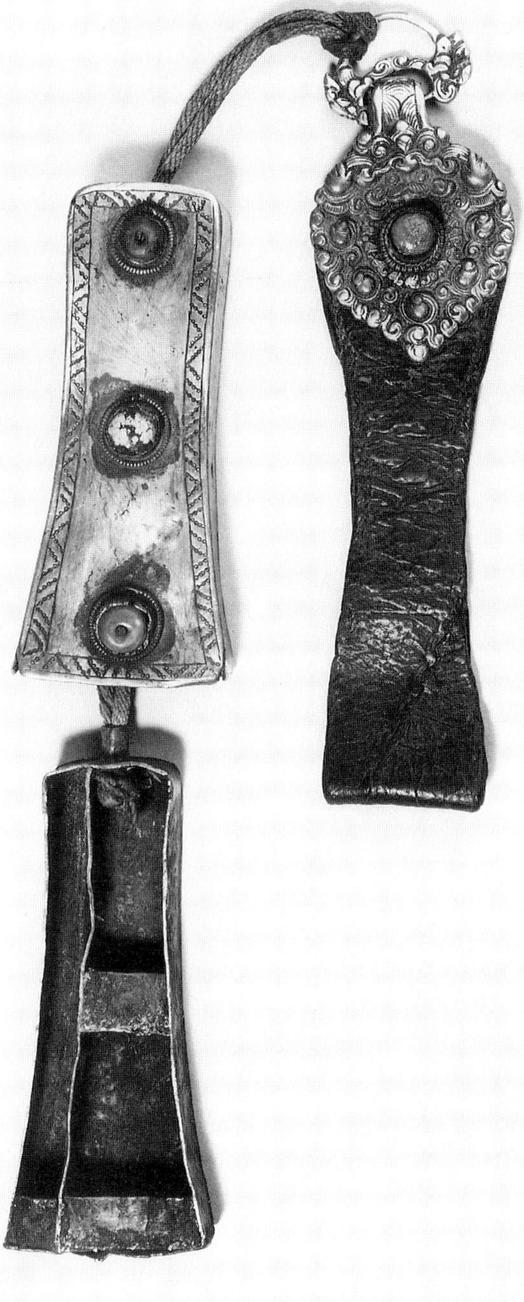

87 Châtelaine mit Nähnadelbehältnis

Messing, Türkis, Koralle [?] (Behälter);
Leder, Silber, Koralle (Châtelaine); Baumwolle (Kordel)
Ca. 12,5 × 5,4 × 3,7 cm (Behälter);
ca. 20 × 5,1 cm (Châtelaine)
19.–20. Jh.
Osttibet
(Inv.-Nr. 8653)
Sammlung Gordon T. Bowles

Als „Seitengehänge“ (tib.: *glo zuṅ*) am Gürtel zu befestigender Nähnadelbehälter (tib.: *khab śubs*) aus Messing. Die entlang der Außenränder mit einem gepunzten und gravierten Dekorband sparsam verzierte Frontseite des Behälters ist mit drei in Blechkammern gefaßten Schmucksteinen (Mitte: Türkis; oben und unten: Koralle [?]) besetzt. Die Châtelaine-Schlaufe aus dunklem Leder ziert ein Silberbeschlag mit zentral gefaßter Korallenperle und reliefartig herausgearbeitetem Dekor in Form eines von flammenden „wunscherfüllenden Juwelen“ (tib.: *yid bžin nor bu*) bekrönten „Seeungeheuers“ (tib.: *chu srin* oder *ma ka ra*), an dessen unterer Abschlußzone sich die Ringösenaufhängung für die Befestigungskordel des Nadelbehälters befindet.

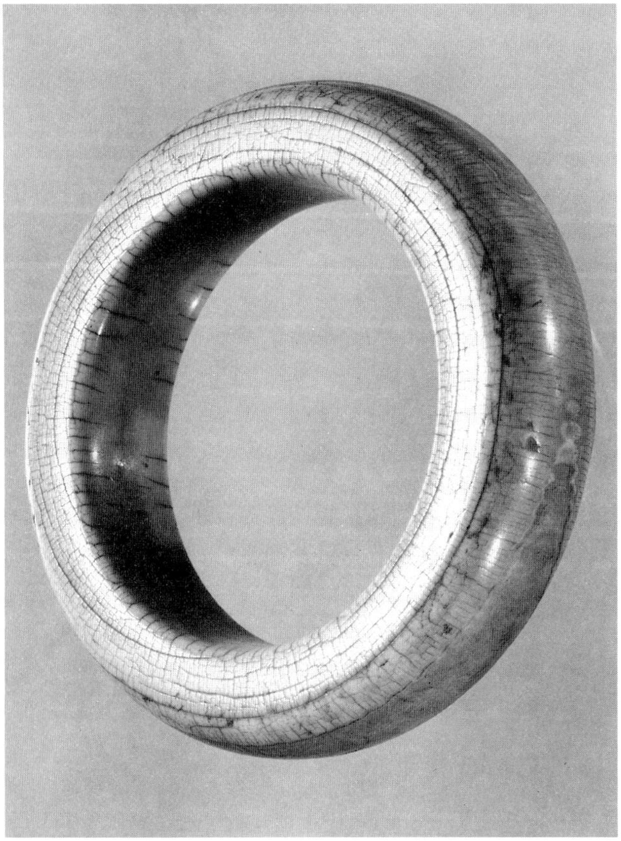

88 Elfenbein-Armreif

(tib.: *ba so lag gdub*)

Elfenbein
∅: 7,7 cm
Ca. 19.–20. Jh.
Osttibet oder Indien
(Inv.-Nr. 8669)
Sammlung Gordon T. Bowles

Armreife aus Elfenbein galten bei Osttibeterinnen als beliebter „Modeschmuck". Meist handelte es sich dabei um Importware aus Indien.

89 Armreif

Silber, Koralle, Türkise
∅: ca. 9 cm
Gewicht: 130 g
20. Jh.
Tibet oder Nepal?
(Inv.-Nr. 11041)
Sammlung Ernst Schäfer

Massiver Armreif aus Silber mit Schmucksteinbesatz in bitumengefüllten Kammerfassungen (Mittelzone: Koralle [Mitte], Türkise; zu beiden Enden: Türkis [außen], Koralle). Die stilistischen Gestaltungsmerkmale des Armreifs deuten auf seine mögliche Herkunft aus dem nordostnepalesischen Siedlungsgebiet der Sherpa hin; die genaue geographische Einordnung des Objekts bleibt jedoch fraglich.

90 Fingerring

Silber, Koralle, Halbedelstein (Lapislazuli?)
Ø: ca. 2 cm
19.–20. Jh.
Osttibet
(Inv.-Nr. 8621)
Sammlung Gordon T. Bowles

Fingerring für Frauen mit Schmucksteinbesatz (in der Mitte: zwei Korallen; zu beiden Seiten: je zwei blaue Halbedelsteine) aus dem östlichen tibetischen Kulturgebiet, möglicherweise aus der Provinz *A mdo.* Die beiden zentral in Bitumen gefüllten Blechkammern gefaßten Korallenperlen sind durchbohrt und durch Drahtnieten, die in der Fassung verankert sind, zusätzlich vor einem eventuellen Herausbrechen gesichert.

91 Zwei Ohrringe

(tib.: *rna loṅ*)

a

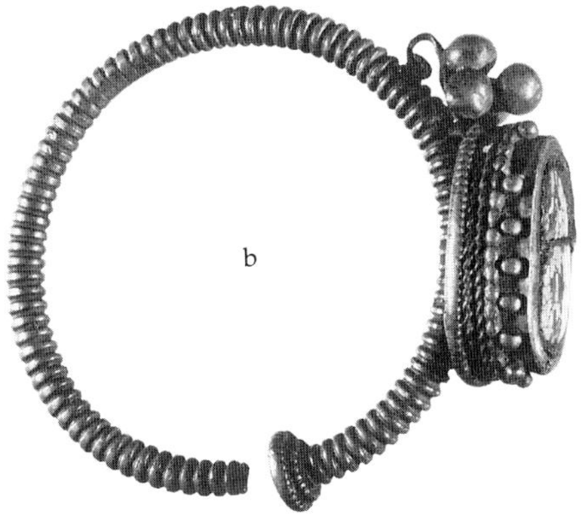

b

Abb. a: Silber, Türkis
Ø: ca. 2,3 cm
Ca. 20 Jh.
Osttibet
(Inv.-Nr. 11028)

Abb. b: Silber, Türkis
Ø: ca. 4 cm
Ca. 20. Jh.
Osttibet
(Inv.-Nr. 11034)

Sammlung Ernst Schäfer

Zwei türkisbesetzte Silberohrringe aus Osttibet. Bei etwa gleicher Ausführung der Gestaltungs- und Dekorelemente unterscheiden sich Ohrringe für Frauen (Abb. a) und für Männer (Abb. b) in der Größe des Ringdurchmessers und der Formgebung der Schmucksteinfassung.

Waffen

34 Tibetische Soldaten in historischen Rüstungen

Die im Tibet des 19. und 20. Jahrhunderts produzierten Waffen dienten in erster Linie dem persönlichen Schutz, wie beispielsweise zur Verteidigung gegen Eindringlinge, Räuber und wilde Tiere sowie der Jagd. Ihre militärische Verwendung in der – gegen Ende der Regierungszeit des 13. Dalai Lama *Thub bstan rgya mtsho* (1876–1933) reorganisierten und modernisierten – tibetischen Armee, war wegen deren geringer Truppenstärke (um 1945 etwa 9000 Soldaten) von eher untergeordneter Bedeutung.

Als Hieb- und Stichwaffen waren vor allem Schwerter und Dolche wie auch holzgeschäftete Lanzen (tib.: *mduṅ*) mit eiserner Stoßklinge in Gebrauch. In der umfangreichen Gruppe der Schwerter, deren ein- oder zweischneidige Klingen fast ausnahmslos gerade und breit geschmiedet sind, lassen sich grob zwei Grundtypen unterscheiden: Langschwerter, die – mit Koppelringspangen an einem speziellen Gehänge befestigt – quer zum Körper des Schwertführers getragen wurden und Kurzschwerter, die man in Taillenhöhe hinter den Wickelgürtel des Gewandes steckte. Griff, Parierstange und Scheide der Langschwerter sind häufig mit reich ornamentierten Silberbeschlägen und Schmucksteinbesatz verziert, der Dekor der Kurz- oder „Taillenschwerter" (tib.: *rked gri*) ist meist weniger aufwendig gestaltet. Dolche und Messer trug man als Gürtelgehänge seitlich in Hüfthöhe. Besonders schöne Dolche mit dekorativem, in Durchbruchstechnik gearbeiteten Silbergriffknauf (s. Katalog Nr. 81) wurden in *Khams* und Bhutan hergestellt.

Eine typische Jagdwaffe der Nomaden ist die Steinschleuder-Wurfschlinge (tib.: *'ur rdo*), ein aus Yakhaar und Wolle gefertigtes Flechtband mit einer zentralen breiten Mulde zur Lagerung des Schleudersteins. Sie wurde vor allem zur Kleintierjagd, aber auch zum Betäuben und Zusammentreiben der Herdentiere verwendet. Reflexbögen aus Holz und Pfeile mit Knochen- oder Metallspitzen waren sowohl als Jagdwaffen wie auch als Sportwaffen zur Austragung von – insbesondere bei osttibetischen und bhutanesischen Männern äußerst beliebten – Schießwettbewerben in Gebrauch.

Unter den Feuerwaffen ist das Gabelgewehr (s. Katalog Nr. 93), eine holzgeschäftete Vorderladerflinte mit gehörnartig geformtem Stützgestell, für den tibetischen Kulturraum charakteristisch.

92 Schwert mit Scheide

Schwert: Stahl, Messing
Scheide: Holz, Leder, Messing
Länge: 83,5 cm (Schwert)
19.–20. Jh.
Osttibet
(Inv.-Nr. 8662 a, b)
Sammlung Gordon T. Bowles

Der Typus des hier abgebildeten Schlachtschwertes aus dem Bezirk *sDe dge* der Ostprovinz *Khams* wurde – in waagrechter Position zum Körper – in der Gürtelschärpe steckend getragen und daher als „Taillenschwert" (tib.: *rked gri*) bezeichnet.

Die Oberfläche des einschneidigen Klingenblattes ist in gewellter „Wasserlinienform" (tib.: *chu ris*) geschmiedet. Die Griffzone zwischen dem geschweift-ovalen Stichblatt, das die Hand des Schwertführers vor Verletzungen schützt, und dem Griffknauf (tib.: *gri mgo;* lit.: „Schwertkopf") ist mit Messingdraht umwickelt. Die Knaufvorderseite trägt eine Schmucksteinfassung und ist mit schlichten Rankenmotiven verziert.

Die hölzerne Schwertscheide ist mit dunklem Leder bezogen und im unteren Bereich durch einen kapselartigen Messingblechbeschlag geschützt.

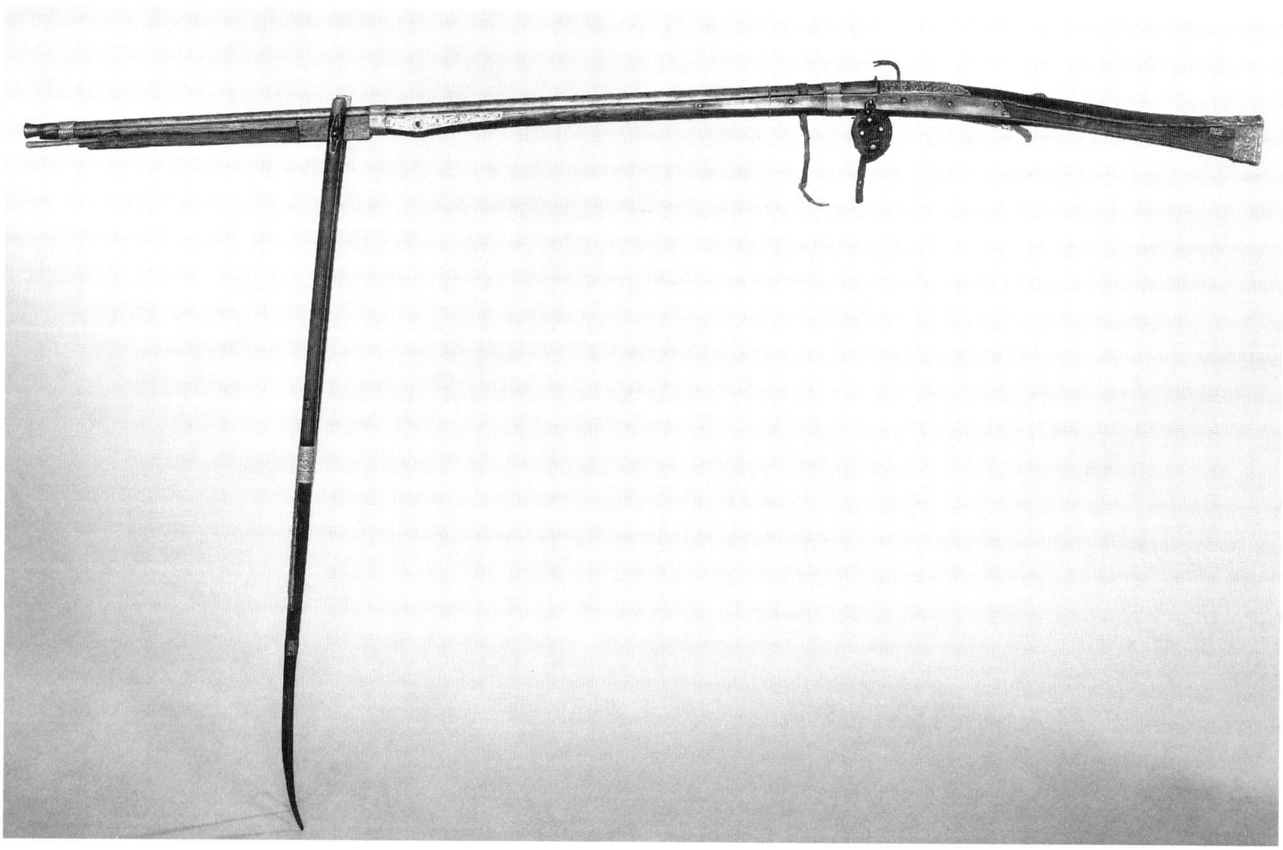

93 Vorderlader mit Stützgabelgestell

Holz, Stahl, Leder, Silber
Länge: 172 cm (Flinte); 117 cm (Lauf); 102 cm (Stützgestell)
Ca. 19. Jh.
Osttibet
(Inv.-Nr. 8663 a)
Sammlung Gordon T. Bowles

Die für diese Vorderlaufflinte gebräuchliche tibetische Bezeichnung „Gewehr mit Antilopengehörn" (tib.: *me mda' dgo rva can*) beruht auf der Formgebung der beidseitig am Schaft verschraubten, hölzernen Stützgabeln. Der glatte, nicht gezogene Lauf des Gewehres ist im Bereich des vorderen Schaftendes, in der Mittelzone und vor dem Zündschloß mit drei breiten Drahtwicklungen am Schaft befestigt. Unterhalb des Schaftes und parallel mit diesem verlaufend, befindet sich ein Holzrohr, in dem der Ladestab (tib.: *me bśaṅs*), der wohl auch zur Reinigung des Laufes verwendet wurde, aufbewahrt wird.
Das Zündschloß der Flinte zählt typologisch zu den Flintschlössern. Sein Mechanismus funktioniert folgendermaßen: Bei Betätigung des Abzugs senkt sich der Hahn mit der Zange (tib.: *kam pa*), in deren Klammer die Lunte (meist Jute oder eine andere Pflanzenfaser), festgeklemmt und entzündet wird, in die mit Pulver gefüllte Zündpfanne (tib.: *rna gor*) und löst so die Zündung aus.
Als Schutzvorrichtung gegen Durchnässung und Verschmutzung des Pulverkanals dient ein quer zum Schaft über dem Zündmechanismus verlaufender Lederstreifen (tib.: *rna kheb*; lit.: „Ohren-Schützer"). Auf der rechten Kolbenseite ist ein ledernes Futteral, in dem vermutlich die Lunte aufbewahrt wurde, befestigt. Schaft, Kolben und die Stirnseiten der Stützgabeln tragen im Rankendekor treibziselierte Silberbeschläge.

94 „Pulverhorngürtel"

Holz, Leder
Länge des Gürtels: 183 cm
19.–20. Jh.
Osttibet
(Inv.-Nr. 8658)
Sammlung Gordon T. Bowles

An diesem Ledergürtel, der vermutlich aus dem Besitz eines Jägers stammt, befinden sich, als neunteiliges Gehänge, die zum Zubehör einer Vorderladerflinte gehörigen Pulver- und Kugelbehältnisse: Die sieben schmaleren, kolbenförmigen „Pulverhörner (mit der genau bemessenen Menge) für einen Schuß" (tib.: *thun rdzas rdzas rva*) sind aus Holz geschnitzt und werden durch Lederpfropfen, die an schmalen, gedrehten Lederriemen befestigt sind, verschlossen. Der breite, dreieckige Behälter aus Schwarzholz diente der Aufbewahrung eines besonders leichtentzündlichen Pulvers, das für die Füllung der Zündpfanne benötigt wurde. Der „Kugelbeutel" (tib..: *mdel khug*) ist aus dunklem Leder gefertigt.

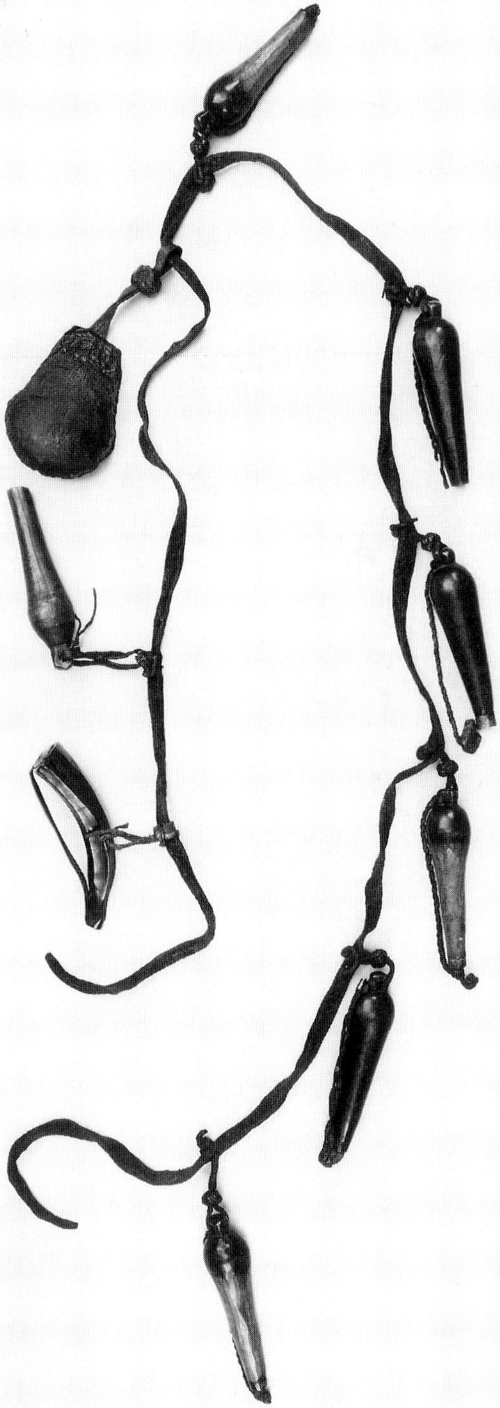

Verwaltung, Diverses

35 Beamter der zivilen Verwaltung

Das Staats- und Verwaltungssystem der tibetischen Zentralregierung, wie es vor der chinesischen Machtübernahme im März 1959 bestand, ist vielfach als „bürokratische Theokratie" charakterisiert worden. An oberster Stelle des streng hierarchisch strukturierten Staatsgebildes stand der Dalai-Lama oder – als dessen Stellvertreter zu Zeiten des Interregnums und während der Minderjährigkeit des Herrschers – ein Regent (tib.: *srid skyoṅ* oder *rgyal tshab*). Im Kompetenzbereich des Herrschers lagen die letzten Entscheidungsbefugnisse in allen bedeutenden Regierungsangelegenheiten, wie die der Außenpolitik, Staatsfinanzen und Stellenbesetzung von wichtigen Regierungsämtern. Alle von untergeordneten Amtsstellen ausgefertigten Erlasse, Urkunden, und Berufungsschreiben, die der Zustimmung des Dalai-Lama bedurften, waren ihm unter Beigabe der relevanten Dokumente in schriftlicher Form vorzulegen und erhielten ihre Rechtskraft erst mit dem Amtssiegelaufdruck des Herrschers.

Die Kontrolle über mittlere und kleinere Regierungsgeschäfte übte ein wohlorganisierter Verwaltungsapparat aus, an dessen Spitze die beiden Hauptkanzleien der Zentralregierung standen, nämlich 1. der Ministerrat (tib.: *bka' śag*), der als administratives Zentrum der zivilen Verwaltung die Entscheidungsgewalt über säkulare Staatsangelegenheiten ausübte, und 2. das „Religiöse Büro" (tib.: *yig tshaṅ*), dessen Zuständigkeitsbereich sich streng genommen nur auf die Verwaltungs- und Rechtsangelegenheiten der Klöster erstreckte. In der politischen Praxis war jedoch eine klare Trennung der Rechtskompetenzen beider Bereiche nicht immer möglich. Auch hinsichtlich der Zusammensetzung der Beamtenschaft wird eine gewisse Inkonsequenz in der theoretischen Trennung von weltlichen und religiösen Verwaltungseinheiten offenbar: So waren im „Religiösen Büro" und den ihm untergeordneten Dienststellen ausschließlich Mönchsbeamte, aber keine Beamten aus dem Laienstand vertreten, unter den vier Ministern (tib.: *bka' blon*) des „weltlichen" *bKa'śag* war jedoch immer auch ein geistlicher Amtsträger. Ebenso waren die Amtsstellen des überwiegenden Teils der etwa zwanzig verschiedenen Kanzleien, die direkt dem *bKa' śag* subordiniert waren, wie beispielsweise das Militär- und das Außenamt, paritätisch mit Mönchs- und Laienbeamten besetzt.

Die Laienbeamtenschaft rekrutierte sich größtenteils aus den Mitgliedern der landbesitzenden Aristokratie; der Nachwuchs der Mönchsbeamten entstammte in der Regel einem der drei großen Staatsklöster der *dGe lugs pa*-Schule (*dGa' ldan, 'Bras spuṅs* und *Se ra*).

Die Ausbildung der Beamtenanwärter beinhaltete neben allgemeinen Lehrfächern, wie tibetische Grammatik und Rechtschreibung, auch speziellen Unterricht im Steuer- und Strafrecht, tibetischer Mathematik und Korrespondenz. Zu den in der Amtspraxis für die korrekte Ausfertigung von Dokumenten unerläßlich erforderlichen Grundkenntnissen gehörte nicht zuletzt auch die Beherrschung der Schönschrift in den verschiedenen tibetischen Schriftarten (*dbu can, dbu med* und deren Varianten). Der unter Katalog-Nr. 97 abgebildete Aufbewahrungsbehälter für Schreibfedern ist daher als ein repräsentatives und typisches – obgleich nicht exklusives – Objekt des Verwaltungsbereichs anzusehen. Dies trifft jedoch nicht für das private Petschaft (Katalog-Nr. 96) zu, das – mangels geeigneter Exponate – nur als ein annähernd der umfangreichen Gruppe tibetischer Amtssiegelstempel vergleichbares Objekt in die vorliegende Rubrik aufgenommen wurde.

36 Sekretär der zivilen Verwaltung

95 Drei Banknoten

Farbe auf Papier
Abb. a: 21,5 × 13,9 cm
(Inv.-Nr. 11025)
Abb. b: 17,4 × 10,4 cm
(Inv.-Nr. 11023)
Abb. c: 19,5 × 11,9 cm
(Inv.-Nr. 11024)

20. Jh.
Zentraltibet
Sammlung Ernst Schäfer

In den Jahren 1912–13 erfolgte auf Initiative des 13. Dalai-Lama *Thub bstan rgya mtsho* (1876–1933) die Emission der ersten tibetischen Papiergeldserie, deren Noten (in den Werten von 5, 10, 15 und 25 *Ṭam[ka]*) einfarbig bedruckt waren. Die hier abgebildeten Banknoten mit mehrfarbigem Aufdruck entstammen der zweiten Serie, deren größtenteils undatierte, im Zeitraum mehrerer Jahre einzeln ausgegebene Noten bis zur chinesischen Machtübernahme im Jahre 1959 als gültiges Zahlungsmittel im Umlauf waren. Alle Banknoten dieser Serie, die die Werte 5 *Srań*, 50 *Ṭam (= 7,5 Srań)*, 10 *Srań*, 25 *Srań* und 100 *Srań* umfaßt, tragen als Aufdruck der Vorderseite das rote, runde Amtssiegel des Dalai-Lama (links), das schwarze, eckige – in der *'Phags pa*-Siegelschrift gehaltene – Siegel der tibetischen Regierung (rechts) sowie die zentrale Darstellung eines oder mehrerer „Schneelöwen" – des tibetischen Wappentiers. Auf der Vorderseite befindet sich auch die Wertangabe und der handschriftliche Eintrag der Seriennummer. Die Notenrückseiten zeigen nach Wert und Emission variierende Darstellungen, meist aus dem volkstümlich-symbolischen Bereich.

Abb. a zeigt eine 100-*Srań*-Note (Seriennummer Żi[?]04934). Die in roter Zeichnung auf gelbem Grund gehaltene Darstellung in der Mitte der Notenvorderseite zeigt ein Schneelöwenpaar (links: Löwin), das eine mit Kostbarkeiten (Juwelen, Elfenbein, Korallen) gefüllte Schale emporhält. Auf der Rückseite dieser Banknote ist in denselben Farben das Motiv der „sechsfachen (Symbolik für) langes Leben" (tib.: *tshe riń rnam drug*) – Greis, Hirsch- und Vogelpaar, Felsen, Baum und Wasserfall – dargestellt, umrahmt von einem mehrfarbigen Ranken- und *Svastika*-Dekorband.

Die 10-*Srań*-Note (Abb. b) trägt die Seriennummer Ka075688. Auf der Noten-Vorderseite ist in blauer Zeichnung eine Gebirgslandschaftsszene mit zwei Schneelöwen, vermutlich eine Löwenmutter mit ihrem Jungen, dargestellt. Die blau gehaltene zentrale Darstellung der Rückseite zeigt als Versinnbildlichung des Motivs „Sieg im Widerstreit der Gegensätze" (tib.: *mi thun g.yul rgyal*) drei mythische Fabelwesen – Mischformen der einander feindlich gesinnten Tiere: Löwe und *Garuḍa*-Vogel (Mitte), Otter und Fisch (rechts) und „Seeungeheuer" und Seeschnecke (links) –, die von vier Drachen flankiert und von einem blauen Blüten- und Glückssymbol-Dekorband umrahmt sind.

Die Vorderseite der 50-*Ṭam*-Note (Abb. c) mit der Seriennummer Ca017927 trägt die rot auf gelb gehaltene Darstellung eines einander zugewandten Schneelöwenpaares als Aufdruck. Auf der Rückseite dieser Note sind in vier – in blauer Kreuzschraffierung überdruckten – roten Kästchen die den vier Himmelsrichtungen zugeordneten mythischen Tiere Löwe (tib.: *seń ge*), Tiger (tib.: *stag*), *Garuḍa* (tib.: *'khyuń*) und Drache (tib.: *brug*) dargestellt. Die Ränder der Notenrückseite und die Kästchenzwischenräume sind in blauer Zeichnung auf gelbem Grund mit floralem Dekor und glücksverheißenden Symbolen bedruckt.

Abb. a

Abb. b

Abb. c

96 Petschaft

(tib.: *thel rtse*)

Messing; Leder
Höhe: 3,2 cm
∅: 1,4 cm (unten)
Ca. 20 Jh.
Tibet.
(Inv.-Nr. 11012).
Sammlung Ernst Schäfer

Petschaft aus Messing mit beidseitig eingekerbtem und seitlich durchbohrtem Griff, durch den ein Lederstreifen (zur Befestigung des Siegelstempels am Gürtel des Besitzers) hindurchgezogen ist. Die runde Stempelfläche trägt als Gravur die im Zentrum eines Kreises, der von sechs kreisförmig angeordneten „Wolken"-Dekorelementen umgeben ist, befindliche Initiale *Ga*.

97 Federbüchse

(tib.: *smyug sgrog*)

Stahl; Silber, Gold (Tauschierung)
Länge: 34,2 cm
∅: 1,7 cm
Ca. 19.–20. Jh.
Osttibet oder China
(Inv.-Nr. 11013)
Sammlung Ernst Schäfer

Dieses zweiteilige Behältnis mit knospenförmig gestaltetem Schaft- und Kappenknauf diente der Aufbewahrung von geschnitzten Schreibfedern aus Bambus. Die Oberfläche des Behälters ist mit silbertauschiertem Wabendekor und fünf – entlang des Schaftes spiralförmig angeordneten – goldtauschierten chinesischen Symbolen, möglicherweise Modifikationen des *Shou*-Symbols für „langes Leben", verziert. Zur Befestigung eines Tragriemens ist im oberen Bereich der Hülse eine breite Öse angelötet.

98 1-Źo-Kupfermünze

Kupfer
∅: 2,4 cm
20. Jh.
Zentraltibet
(Inv.-Nr. 11021)
Sammlung Ernst Schäfer

Kupfermünzen im Nominalwert von einem *Źo (= 0,1 Sraṅ* oder $^2/_3$ *Ṭam*) wurden ab 1932 geprägt und ausgegeben. Aufgrund des mit der hohen tibetischen Inflationsrate einhergehenden Verkehrswertverfalls waren sie jedoch ab den späten vierziger Jahren kaum noch als Zahlungsmittel im Umlauf.

Das Münzbild der Vorderseite der hier abgebildeten Prägung trägt die von der unleserlichen Datierungsinschrift und Glückssymbolen umrahmte Wertangabe (*źo gaṅ* = 1 *Źo*). Auf der Münzenrückseite befindet sich die Darstellung eines inmitten einer achtblättrigen stilisierten Lotosblüte verweilenden Schneelöwen. Die Blütenblätter tragen den durch schmückende Beiworte erweiterten Namen des Staatsklosters *dGa' ldan (pho braṅ phyogs las rnam rgyal dga' ldan;* etwa: „die Residenz, das in alle Richtungen siegreiche *dGa' ldan*[-Kloster]) als Inschrift.

99 „Windpferd"-Drucktafel

(tib.: *rluṅ rta'i śiṅ par*)

Holz
16,5 × 22 × 2,3 cm
20. Jh.
Tibet
(Inv.-Nr. 8701)
Sammlung Gordon T. Bowles

Drucktafel aus Holz mit erhaben geschnittenem Druckbild zur Herstellung von „Windpferd" (tib.: *rluṅ rta*)-Gebetsfahnen. Das in der Mitte der Tafel dargestellte „Windpferd" und seine Begleiter Drache, Tiger, oben links, *Garuḍa* und Löwe (oben rechts) sind Symboltiere für Lebenskraft, Macht und Einfluß. Als wohlstands- und glückverheißende Symbole sind neben und unterhalb des Pferdes verschiedene Tiere (Yaks, Vögel), Waffen und Gerätschaften dargestellt.

Die sanskritisch-tibetische Mantra-Inschrift *(kun 'dus sa rba 'du btus ho;* etwa: „Alles Ansammeln[swerte] sammle [sich] an! Angesammelt! Ho!") im rechten unteren Bereich der Druckplatte weist auf die erhoffte, reichtumsvermehrende Wirkung hin, die durch den Gebetsfahnen-Abdruck (auf Stoff oder Papier) erzielt werden sollte.

Ausgewählte Literatur

Batchelor, Stephen: The Tibet Guide. London: Wisdom Publications 1987.

Beyer, Stephan: The Cult of Tārā. Magic and Ritual in Tibet. Berkeley: University of California Press 1973.

Bharati, Agehananda: The Tantric Tradition. London: Rider 1975.

Boulnois, Lucette: Poudre d'Or et Monnaies d'Argent au Tibet. Paris: Editions du CNRS o. J.

Brauen, Martin: Heinrich Harrers Impressionen aus Tibet. Gerettete Schätze. Innsbruck: Pinguin-Verlag 1974.

Conze, Edward: Der Buddhismus. Wesen und Entwicklung. Stuttgart: Kohlhammer 1977.

Dagyab, Loden Sherap: Tibetan Religious Art, Parts I and II. (Asiatische Forschungen Bd. 52). Wiesbaden: Harrassowitz 1977.

Dagyab, Loden Sherap: Die Sādhanas der Sammlung Ba-ri brgya-rtsa. Hrsg.: Sagaster, Klaus: Ikonographie und Symbolik des tibetischen Buddhismus, Teil A I (Asiatische Forschungen Bd. 77). Wiesbaden: Harrassowitz 1986.

Dargyay, Eva: The Rise of Esoteric Buddhism in Tibet. Delhi: Motilal Banarsidass 1977.

Dorje, Rinjing: Food in Tibetan Life. London: Prospect Books 1985.

Douglas, Nik: Tibetan Charms & Amulets. 230 Examples Reproduced from Original Woodblocks. New York: Dover Publications 1978.

Ferrari, Alfonsa: Mk'yen brtse's Guide to the Holy Places of Central Tibet. Rom: IsMEO 1958.

Gega Lama: Principles of Tibetan Art. Illustrations and Explanations of Buddhist Iconography and Iconometry according to the Karma Gardri School. Vol. I, II. Darjeeling: Jamyang Singe 1983.

Gerner, Manfred: Architekturen im Himalaya. Stuttgart: DVA 1987.

Getty, Alice: The Gods of Northern Buddhism. Their History, Iconography and Progressive Evolution through the Northern Buddhist Countries. Oxford 1928. Repr. Rutland and Tokyo 1962.

Gordon, Antoinette: The Iconography of Tibetan Lamaism. Rev. ed. Rutland and Tokyo 1959.

Govinda, Lama Anagarika: Grundlagen tibetischer Mystik. Weilheim: O. W. Barth Verlag 1972.

Govinda, Li Gotami: Tibet in Pictures. Vol 1 und 2. Emeryville: Dharma Publishing 1979.

Henss, Michael: Tibet. Die Kulturdenkmäler. Zürich und Freiburg 1981.

Hicks, Roger: Hidden Tibet. The Land and its People. Longmead, Shaftesbury, Dorset: Element Books 1988.

Hoffman, Helmut: Tibet. A Handbook, Bloomington: Indiana University 1975.

Jackson, David P. and Janice A.: Tibetan Thangka Painting. Methods and Materials. London: Serindia 1984.

Jest, Corneille: Dolpo. Communaute's de Langue Tibétaine du Nepal. Paris: Centre National de la Recherche Scientifique 1975.

Kelly, Petra und Gert Bastian: Tibet – ein vergewaltigtes Land. Reinbeck: Rowohlt 1988.

Lauf, Detlef Ingo: Das Erbe Tibets. Wesen und Deutung der buddhistischen Kunst von Tibet. Bern: Kümmerly & Frey 1972.

Lauf, Detlef Ingo: Eine Ikonographie des tibetischen Buddhismus. Graz 1979.

Lauf, Detlef Ingo: Verborgene Botschaft tibetischer Thangkas. Bildmeditation und Deutung lamaistischer Kultbilder. Freiburg: Aurum 1976.

Lavizarri-Raeuber, Alexandra: Thangkas, Rollbilder aus dem Himalaya. Köln: DuMont, 1984 (2. Aufl.).

Martin, Heinz E. R.: Die Kunst Tibets. München: Heyne 1977.

Müller, Claudius C. u. Raunig, Walter (Hrsg.): Der Weg zum Dach der Welt. Innsbruck: Pinguin-Verlag, 1982.

Nebesky-Wojkowitz, René de: Oracles and Demons of Tibet. The Cult and Iconography of the Tibetan Protective Deities. Graz: Akademische Druck- und Verlagsanstalt 1975 (repr.).

Olschak, Blanche Christine in Zusammenarbeit mit G. Thupten Wangyal: Mystik und Kunst Alttibets. Bern und Stuttgart: Hallwag 1972.

Rauber-Schweizer, Hanna: Der Schmied und sein Handwerk im traditionellen Tibet. (Opuscula Tibetana Fasc. 6.) Rikon: Tibet-Institut 1976.

Roerich, George N.: The Blue Annals. (Royal Asiatic Society of Bengal, Monograph Series. VII.) Calcutta 1949–1953. Repr. New Delhi: Motilal Banarsidass 1979.

Ronge, Namgyal Gonpo und Loden Sherap Dagyab: Die Sādhanas der Sammlung Ba-ri brgya-rtsa. Zeichnungen von Gottheiten, Gesten, Sitzhaltungen und Attributen mit Erläuterungen. Hrsg.: Sagaster, Klaus: Ikonographie und Symbolik des tibetischen Buddhismus, Teil A II (Asiatische Forschungen Bd. 77). Wiesbaden: Harrassowitz 1983.

Ronge, Veronika: Das tibetische Handwerkertum vor 1959. (Beiträge zur Südasienforschung. 43). Wiesbaden: Steiner 1983.

Scheidegger, Daniel A.: Tibetan Ritual Music. A General Survey with Special Reference to the Mindroling Tradition. (Opuscula Tibetana Fasc. 19.) Rikon: Tibet-Institut 1988.

Schroeder, Ulrich von: Indo-Tibetan Bronzes. Hongkong: Visual Dharma Publications 1981.

Skorupski, Tadeusz: Tibetan Amulets. Bangkok: White Orchid Press 1983.

Snellgrove, David and Hugh Richardson: A Cultural History of Tibet. (repr.) Boston und London: Shambala 1986.

Stein, R. A.: Tibetan Civilization. Stanford: Faber & Faber 1972.

Thubten Jigme Norbu and Colin M. Turnbull: Tibets. Its History, Religion and People. London: Chatto & Windus 1969.

Thubten Legshay Gyatsho: Gateway to the Temple. Manual of Tibetan Monastic Customs, Art, Building and Celebrations. (Bibliotheca Himalaica Series III, Vol. 12.) Kathmandu: Ratna Pustak Bhandar 1979.

Tucci, Guiseppe: Tibetan Painted Scrolls. Vols. I–III. Rom 1949.

Tucci, Guiseppe und Walther Heissig: Die Religionen Tibets und der Mongolei. Stuttgart: Kohlhammer 1970.

Toyka-Fuong, Ursula: Die Kultplastiken der Sammlung Ernst Senner. Hrsg.: Sagaster, Klaus: Ikonographie und Symbolik des tibetischen Buddhismus, Teil C (Asiatische Forschungen Bd. 96.) Wiesbaden: Harrassowitz 1987.

Vandor, Ivan: Die Musik des tibetischen Buddhismus. Wilhelmshaven: Heinrichshofen's Verlag 1978.

Weihreter, Hans: Schmuck aus dem Himalaya. Graz: ADEVA 1988.

Wylie, Turrell: The Geography of Tibet according to the 'Dzam-Gling-Rgyas-Bshad. (Serie Orientale Roma, XXV.) Rom: IsMEO 1962.

Informationen zur tibetischen Kultur sind auch bei den folgenden Organisationen zu erhalten:

Deutsch-Tibetische Kulturgesellschaft e. V.
z. Hd. Herrn Tsewang Norbu
Fritz-Pullig-Straße 28
5205 Sankt Augustin 2

Tibet Informations-Dienst
Herrn Michael Alexander
Florastraße 22
4018 Langenfeld

Verein der Tibeter in Deutschland
Postfach 2531
5300 Bonn 1

Abbildungsnachweis

Archiv der Völkerkunde-Abteilung: 1, 2, 30, 33, 34, 35, 36
Dr. Franz Pflug: 16, 17, 18, 19, 20, 24, 25, 26, 31, 32
Dr. Veronika Ronge: 11, 12
Hans Roth: 27, 28
Gregor Verhufen: 3, 4, 5, 6, 7, 8, 9, 10, 13, 14, 15, 21, 22, 23

Anhang

I

Wolfgang Döpcke

Zur Geschichte der Sammlung ethnographischer Objekte aus Tibet in der Völkerkunde-Abteilung des Niedersächsischen Landesmuseums Hannover

Der Ursprung der Sammlung ethnographischer Objekte aus Tibet in der Völkerkunde-Abteilung des Landesmuseums Hannover ist wie kein weiterer Bereich des Gesamtbestandes mit der wissenschaftlichen Erforschung der Region verknüpft. Drei Forschungsexpeditionen bzw. Reisen sind verantwortlich für den Großteil der ca. 350 tibetischen ethnographischen Objekte in dem Museum: die Expedition der Brüder v. Schlagintweit nach Indien und in den Himālaya in den Jahren 1854–1857, die erste Brooke-Dolan-Expedition nach Westchina und Osttibet von 1931/1932 und die Sammelreise Ernst Schäfers nach Indien Anfang 1964.[1] Auf jeder dieser Reisen stellte das Sammeln völkerkundlicher Gegenstände allerdings einen Nebenaspekt dar; stärker waren die Expeditionen an der naturgeographischen bzw. zoologischen Erforschung der Regionen interessiert.

Die Brüder Hermann, Adolph und Robert **v. Schlagintweit** zählten zu den bekanntesten und erfolgreichsten Naturforschern ihrer Zeit. Sie wurden zwischen 1826 und 1833 in ein „gelehrtes" und ihr wissenschaftliches Interesse stark förderndes Elternhaus geboren.[2] Schon als Münchner Gymnasiasten durchstreiften Hermann und Adolph die Alpen. Nach ihrer Habilitation (Hermann 1851 in dem Fach Physische Geographie an der Universität Berlin; Adolf 1853 in Geologie an der Universität München) wandten sich die beiden Brüder – und nun auch Robert – der geologischen und physisch-geographischen Erforschung der Alpen zu. Im Jahre 1854 schlug König Wilhelm Friedrich IV. von Preußen die Brüder Hermann und Adolph – auf Anregung Alexander v. Humboldts – zur Leitung einer gemeinsamen Expedition des Könighauses und der Britisch-Ostindischen Compagnie vor, die der Erforschung physisch-geographischer, geologischer und meteorologischer Probleme des indischen Himālaya dienen sollte. Die Expedition – an der auch Robert als Assistent teilnahm – begab sich Ende September 1854 von England über Madras in das Himālayagebiet. Zwischen 1855 und 1856 erforschten die Brüder den östlichen und westlichen Himālaya und überschritten das Gebirge mehrmals nach Norden. Es gelang ihnen – zum Teil als Hirten oder Kaufleute verkleidet – kurzfristig auf das Gebiet Tibets vorzudringen. Hermann und Robert kehrten im Juni 1857 nach Europa zurück, während Adolf, der über den Himālaya nach Sibirien vorstoßen wollte, in Kaschgar als vermeintlicher britischer Spion enthauptet wurde. Für ihre wissenschaftlichen Verdienste wurden Hermann und Robert 1859 in den Adelsstand des Königreiches Bayern erhoben. Die Brüder v. Schlagintweit standen in der Forschungstradition und unter dem wissenschaftlichen Einfluß Alexander v. Humboldts, den Hermann und Robert oft besuchten. Entsprechend umfassend war ihr Forschungsinteresse. Sie arbeiteten und publizierten in den verschiedensten wissenschaftlichen Disziplinen: von der Orologie bis zur Völkerkunde und Religionswissenschaft.[3] Neben ihren umfangreichen Aufzeichnungen brachten die Brüder auch über 14 000 Sammlungsgegenstände aus Indien mit, unter denen sich 1400 völkerkundliche Objekte befanden.[4] Ein sehr kleiner Teil dieser Gegenstände kam 1859 in das damalige *Museum für Kunst und Wissenschaft* zu Hannover, dem Vorläufer des Provinzial- bzw. Landesmuseums. Fünf Objekte – davon drei aus Tibet – übergaben Robert und Hermann v. Schlagintweit dem Museum als Geschenk;[5] zehn weitere – darunter sechs Abgüsse tibetischer Gesichtsmasken – wurden dem Museum vom Hannoverschen Königshaus „unter Vorbehalt des allerhöchsten Eigenthums" (d. h. als „Dauerleihgabe") überwiesen.[6] Im Jahre 1926 schließlich verkaufte das Gesamthaus Braunschweig-Lüneburg diese Objekte – zusammen mit 305 anderen Ethnographica – an das Museum.

Die erste Brooke-Dolan-Expedition der Jahre 1931/1932 war eine zoologische Forschungsexpedition der *Academy of Natural Sciences*, Philadelphia. Im Jahre 1930 offerierte die *Academy*

Dr. Hugo Weigold, dem Direktor der Naturkundlichen Abteilung des Hannoverschen Provinzialmuseums, die wissenschaftliche Leitung dieser Forschungsreise nach „Westchina", d. h. in das tibetisch-chinesische Grenzgebiet, das Weigold schon 1914 und 1915 als Teilnehmer der Stötznerschen Expedition erforscht hatte.[7] Finanziert wurde die Expedition von einem jungen, reichen Amerikaner, Brooke Dolan II., der auch selbst teilnahm. Die weiteren Teilnehmer waren: Otto Gnieser als Kameramann und der junge Ernst Schäfer, ein Student der Zoologie, der Weigold durch Praktika im Provinzialmuseum bekannt war. Das Hauptziel der Expedition bestand darin, „eine möglichst vollständige Sammlung aller in Südosttibet vorkommenden, z. T. sehr seltenen Säugetiere und Vögel" anzulegen und „tiergeographische Grenzen festzulegen und die Aufklärung von Rassen- und Formenkreisproblemen zu fördern."[8] Der Expedition angegliedert war Gordon T. Bowles, ein junger amerikanischer Anthropologe, der mit einem Stipendium des *Harvard-Yenching Institute* in China forschte. Von April bis Oktober 1931 nahm Bowles an der Expedition nach Osttibet teil und erhob physisch-anthropologische Daten. Eine weitere Aufgabe von Bowles bestand in der Anlage einer ethnographischen Sammlung für das Provinzialmuseum. Die Idee, auf dieser zoologischen Expedition auch ethnographische Objekte zu sammeln, ging auf Gespräche zwischen Weigold und dem Direktor des Provinzialmuseums, Dr. Jacob-Friesen, der in seiner Eigenschaft als Leiter der ur- und frühgeschichtlichen Abteilung des Museums auch die ethnologische Sammlung betreute, zurück. Das Museum stellte Weigold 5000 RM für Ankauf und Transport der Objekte zur Verfügung.[9]

Im Sommer 1930 begannen die Vorbereitungen in Deutschland, und am 18. Januar 1931 reiste die Gruppe von Berlin über Moskau, Peking, Tsingtau und Schanghai nach Nangking. Von dort ging es an Bord eines amerikanischen Schnelldampfers den Jangtsekiang hinauf nach Ch'ung-ch'ing, von wo aus der Weg zu Fuß nach Ch'eng-tu fortgesetzt wurde. In Ch'eng-tu trennte sich die Gruppe. Bowles und Gnieser zogen westwärts nach Tachien-lu während Dolan, Weigold und Schäfer zuerst Richtung Norden ins „Wassu-land" und über Sung-p'an nach Tibet vorstoßen wollten.[10]

Bowles errichtete sein Basislager in Ta-chien-lu, einem Grenzort zwischen Tibet und China. Obwohl sein Bewegungsspielraum aufgrund örtlicher kriegerischer Auseinandersetzungen immer wieder eingeschränkt wurde, unternahm Bowles von dort aus zusammen mit dem amerikanischen Missionar J. Huston Edgar, einem exzellenten Landeskenner, ausgedehnte – 200 bis 300 Meilen lange – Reisen in Richtung Osttibet. In Ta-chien-lu und auf den Exkursionen erhob er seine Forschungsdaten und stellte die Sammlung für das Provinzialmuseum zusammen. Von Ta-chien-lu ließ Bowles die Sammlung nach Schanghai schaffen und beabsichtigte, sie per Seefracht nach Hannover zu schicken. Er selbst hatte vor, im Herbst 1932 nach Hannover zu kommen, um dort die Objekte zu bearbeiten und für eine „sachgemäße Aufstellung" zu sorgen.[11] Bowles' Abreise aus China verzögerte sich aber erheblich. Während seiner Verhandlungen mit der Regierung in Nanking über die Ausfuhrerlaubnis brachen Unruhen aus, so daß er die Stadt verlassen mußte. Im Juni 1932 waren schließlich die Verhandlungen abgeschlossen: entsprechend den Regierungsbestimmungen hatte Bowles ca. 40 Objekte, die alle sog. „Duplikate" darstellten und mengenmäßig ca. 10% der Sammlung ausmachten, ausgewählt und sie dem Naturhistorischen Museum in Nanking überreicht.[12] Politische Unruhen in Schanghai ließen ihn seine Pläne endgültig ändern. Er verschiffte die Sammlung nun in die USA, wo sie im *University Museum* von Pennsylvania (in Philadelphia) deponiert wurde und von ihm bearbeitet werden sollte.

Nun begann für das Provinzialmuseum eine lange Zeit des Wartens. Die Bearbeitung der Sammlung verzögerte sich erheblich, weil Bowles nur in seiner Freizeit daran arbeiten konnte und im Jahre 1936 noch einmal nach Südtibet reiste. In den USA wurde ein weiterer Teil der Sammlung ausgegliedert und ging in den Besitz des *Peabody Museums* der Harvard University über: Der Direktor dieses Museums schlug dem Provinzialmuseum im Jahre 1933 vor, aus der Sammlung sog. „duplicates and triplicates" im Gesamtwerte von ca. 1000 RM zu übernehmen. Dr. Jacob-Friesen, der Leiter des Provinzialmuseums, war an dem Handel interessiert, da er das Geld für andere Zwecke (den Aufbau der geplanten „Kolonialausstellung") gut gebrauchen konnte.[13] Ende 1937 suchte Bowles die in den USA zu verbleibenden Objekte aus und verschickte den Rest nach Hannover, wo die nun von ehemals ca. 400 auf 215 Gegenstände geschrumpfte Sammlung im Februar 1938, also 7 Jahre nach Abschluß der Expedition, eintraf.[14] In Hannover wurden die Objekte magaziniert und konnten – mangels Ausstellungsfläche – nie der Öffentlichkeit präsentiert werden.

Ernst Schäfer begann sich nach der Rückkehr von der ersten Brooke-Dolan-Expedition intensiv mit Tibet zu beschäftigen und wurde zu einem anerkannten Experten für diese Region. Er besuchte das Land noch zweimal. Die zweite Brooke-Dolan-Expedition (1934/1936) führte – mit ihm als Leiter – wieder nach Osttibet. 1938/1939 gelang es Schäfer mit seiner „SS-Tibet-Expedition" das „klassische" Tibet und – als erster Deutscher – die Hauptstadt Lhasa zu besuchen. Nach seiner Rückkehr von dieser Reise ging Schäfer seinen wissenschaftlichen Interessen nun zunehmend in Heinrich Himmlers „SS-Ahnenerbe" nach und bereitete u. a. einen bewaffneten SS-Vorstoß nach Tibet vor, mit dem Ziel, die tibetische Armee gegen die englisch-indischen Truppen auszurüsten und aufzuwiegeln. Dieses Unternehmen scheiterte allerdings an einem von A. Rosenberg bewirkten Einspruch Adolf Hitlers.[15]

Nach Kriegsende lebte Schäfer eine Zeitlang in Venezuela und im Belgischen Kongo, bevor er nach Hannover zurückkehrte und Kustos der Naturkunde-Abteilung des Niedersächsischen Landesmuseums wurde.[16] Dort entwickelte sich bald eine Zusammenarbeit zwischen ihm und der Völkerkunde-Abteilung. Im Jahre 1963 plante Schäfer eine neue Forschungsreise nach Asien, die ihn diesmal nach Indien führen sollte. Ein Ziel dieser Reise war die Verwirklichung eines gemeinsamen Ausstellungsprojektes der Naturkunde- und der Völkerkunde-Abteilung des Museums. Schäfer wollte das „erforderliche zoologische, botanische und ethnographische Material für die Ausgestaltung der in absehbarer Zeit frei werdenden Räume im oberen Stockwerk“ des Museums beschaffen.[17] 2000 DM für den Erwerb der ethnographischen Objekte wurden der Völkerkunde-Abteilung von den *Freunden der Naturkunde-Abteilung* vorgestreckt.

Die dreieinhalbmonatige Reise, die Schäfer Ende November 1963 antrat, führte quer durch den indischen Subkontinent über Madras, Kerala und Mysore in das nordindische Dharamsala, wo – nach dem von der chinesischen Armee im Jahre 1959 brutal unterdrückten tibetischen Volksaufstand – der Dalai-Lama und ein Teil der über 80000 Flüchtlinge ein Exil gefunden hatten. Schäfer nahm seine Kontakte von 1939 wieder auf und erhielt eine Gesprächseinladung vom Dalai-Lama, mit dem er u. a. ein Hilfsprogramm des Hannoverschen Lions-Clubs verabredete. In den tibetischen Flüchtlingslagern erwarb er auch die Ethnographica für die Völkerkunde-Abteilung.

Die von Schäfer 1963/1964 gesammelten Ethnographica wurden zweimal der Öffentlichkeit vorgestellt.[18] Am 22. Januar 1965 eröffnete Dr. Hans Becher, der Leiter der Völkerkunde-Abteilung, die Sonderausstellung „Neuerwerbungen aus Tibet“, die bis Ende April des Jahres gezeigt wurde. Im gleichen Jahr fand auch im Heimatmuseum in Nienburg eine Ausstellung mit den Objekten statt. Für eine kurze Zeit befand sich Hannover im „Tibetfieber“. Ernst Schäfer hielt zahlreiche Vorträge und zeigte seinen im Jahre 1939 gedrehten Film „Geheimnis Tibet“. Nach 1965 verschwanden die Objekte allerdings wieder im Magazin der Völkerkunde-Abteilung. Im Rahmen der seit 1921 versprochenen völkerkundlichen Dauerausstellung sollen sie der Öffentlichkeit wieder präsentiert werden.

[1] Diese Hauptbestandteile der tibetischen Sammlung der Völkerkunde-Abteilung des Landesmuseums wurden ergänzt durch weitere Schenkungen und Ankäufe: Schenkung von Pastor Hackmann, Hoheneggelsen im Jahre 1904 (Inv.-Nrn. 4408, 4410–4412); Geschenk von Graf Königsmarck, Hannover im Jahre 1909 (Inv.-Nrn. 5209–5213); Schenkung von K. Wrede, überwiesen im Jahre 1954 vom Kestner-Museum Hannover (u. a. Objekt-Nr. 9009, „Grüne“ Tārā); Schenkung von Dr. H. Weigold im Jahre 1915 (Inv.-Nrn. 11079–11080); Schenkung von Herrn F. Korte, Hannover, vom Kestner-Museum als Dauerleihgabe überwiesen im Jahre 1954 (Inv.-Nrn. 9222). Ankauf von H. & A. Flick im Jahre 1988 (Inv.-Nrn. 14575–14578); Ankauf vom Dharma Shop im Kamalashila Institut, Mechernich im Jahre 1988 (Inv.-Nrn. 14425–1444).

[2] Beitrag von Emil Schlagintweit in: Allgemeine Deutsche Biographie, Bd. 31, Leibzig 1890 bzw. Berlin 1970 (repr.), S. 336 ff. Siehe auch: Müller, C. M. & Raunig, W. (Hrg.): Der Weg zum Dach der Welt, Innsbruck & Frankfurt/M. 1982. Lebensdaten der Brüder v. Schlagintweit: Hermann v. Schlagintweit: 1826–1882; Adolf: 1829–1857; Robert: 1833–1885; Emil: 1835–1904.

[3] Körner, H.: „Die Brüder Schlagintweit – Hermann, Adolph, Robert und Emil –: Familie, Forschungsreise in Indien und Hochasien, Werke, Sammlungen und Nachlaß, Bibliographie“, in: Müller, C. M. & Raunig, W. (Hrg.): Der Weg zum Dach der Welt, Innsbruck & Frankfurt/M., 1982. S. 67 ff.

[4] Emil Schlagintweit in: Allgemeine Deutsche Biographie, Bd. 31, Leibzig 1890 bzw. Berlin 1970 (repr.), S. 446. Die tibetischen Ethnographica haben die Brüder Schlagintweit von zwischen Tibet und Indien verkehrenden Handelskaravanen und während ihrer kurzen Vorstöße auf tibetische Gebiet erworben.

[5] Inv.-Nrn. 739–744.

[6] Inv.-Nrn. 745–754. S. auch den in Anhang I auf S. 156 abgedruckten Brief H. und R. v. Schlagintweits an den König von Hannover.

[7] Siehe dazu: Weigold, H.: „Südost-Tibet als Lebensraum“, Jahrbuch der Geographischen Gesellschaft zu Hannover für 1934 und 1935, Hannover 1935, S. 203 ff.

[8] Schäfer, E.: Berge, Buddhas und Bären. Forschung und Jagd im geheimnisvollen Tibet, Berlin 1933.

[9] Siehe dazu die entsprechende Korrespondenz, archiviert in der Völkerkunde-Abteilung des Landesmuseums (= Vk.-Abt.).

[10] Schäfer, E.: Berge, Buddhas und Bären. Forschung und Jagd im geheimnisvollen Tibet, Berlin 1933, S. 34/35.

[11] Vk.-Abt., Bowles an Jacob-Friesen, 12/9/1931.

[12] Vk.-Abt., Bowles an Jacob-Friesen, 21/6/1932.

[13] Vk.-Abt., Jacob-Friesen an Medizinalrat Dr. Lambert, 12/8/1933.

[14] Die Sammlung umfaßt die Inv.-Nrn. 8584–8795.

[15] Siehe dazu: Kater, M. H.: Das „Ahnenerbe“ der SS, 1935–1945. Ein Beitrag zur Kulturpolitik des Dritten Reiches, Stuttgart 1974.

[16] Schäfer, E.: Unter Räubern in Tibet. Gefahren und Freuden eines Forscherlebens, Braunschweig 1952, S. 9. Neue Hannoversche, 13/4/1977.

[17] Vk.-Abt., Protokoll der 7. Kuratoriumssitzung der Freunde der Naturkunde-Abteilung, 14/10/1963.

[18] Die Sammlung umfaßt die Inv.-Nrn. 10981–11076.

Hermann und Robert von Schlagintweit

Ueber die religiösen Schauspiele in den buddhistischen Klöstern Tibets

Nachdruck eines in der Völkerkunde-Abteilung des Niedersächsischen Landesmuseums Hannover archivierten Briefes der Gebr. v. Schlagintweit an den König von Hannover. Der undatierte Brief wurde dem König offensichtlich am 17. Oktober 1859 zusammen mit der Geschenksammlung, zu der auch die erwähnten sechs Abgüsse tibetischer Gesichtsmasken gehörten, übergeben. Der Verbleib der Originale ist nicht bekannt. (Anmerkung d. Hrsg.)

Die 6 tibetanischen Gesichtsmasken werden von den ***Lamas,*** *den Mönchen der buddhistischen Klöster, zur Aufführung eigenthümlicher, religiös-mythologischer Dramen benutzt, die wie die Schauspiele dargestellt werden. Diese haben eine überraschende Analogie mit jenen Darstellungen, wie sie häufig im Mittelalter gegeben wurden, wo sie Mysterien hießen, von denen sich auch jetzt noch Spuren in einigen Theilen Süddeutschlands erhalten haben.*

Der Stoff des Schauspiels ist mit wenig Veränderungen fast immer derselbe, und zwar folgender: Ein böser Geist sucht einen armen, tugendhaften Mann zu überreden, eine böse That zu verrichten, z. B. zu stehlen oder zu morden und sucht ihn auf alle Weise zur Ausführung derselben zu bewegen.

Der Versucher erscheint anfangs allein, wird aber später von einem anderen Wesen in seinen Bestrebungen unterstützt, dessen Gestalt und Charakter jener weiblichen Person gleicht, die auch häufig in unseren Sagen erwähnt und beschrieben wird. Doch auch das gute Prinzip ist in Gestalt eines Engels vertreten, der Alles aufbietet, den Einfluß der bösen Geister zu verhindern.

Der zu Versuchende scheint anfangs den Einflüsterungen der bösen Geister nicht widerstehen zu können; doch zuletzt siegt das gute Prinzip und seine moralische Stärke.

Nachdem glücklich alle Versuchungen zurückgewiesen sind, erscheint ***Buddha*** *selbst, der den Tugendhaften für seine Standhaftigkeit belohnt und, umringt von guten, ihm untergebenen Geistern, die Versucher vertreibt. Eine Anzahl Tänze, die den Sieg des Versuchten, sowie die Freude über das Vertreiben der bösen Geister darstellen, schließt die Handlung, deren Aufführung gewöhnlich 1–1½ Stunden Zeit in Anspruch nimmt.*

Die Masken sind, den antiken tragödischen Masken ähnlich, gewöhnlich viel größer als der Kopf des Menschen; die Gestalt der Theilnehmer an der Aufführung dieser Spiele wird daher durch die Form der Maske, theilweise auch durch die dicken Sohlen ihrer Schuhe bedeutend größer als gewöhnlich.

Die sechs Masken stellen dar:

1. ***Buddha*** }
2. ***Das böse Princip*** } *beide mit dem 3. Auge auf der Stirn versehen, weil als höhere Wesen gedacht.*
3. ***Den guten Geist,*** *mit spitzem Turban, auf dem die 3 Augen ebenfalls noch accessorisch angedeutet sind.*
4. ***Das böse weibliche Princip.***
5. ***Den guten Menschen.***
6. ***Den bösen Menschen.***

Die Tücher, sowie die langen Haare, welche die 4 größeren Masken schließen, bedecken zugleich nach hinten den Kopf und fallen bis auf die Schultern herab.

Es gelang uns auch, einen Anzug zu erhalten, wie er zur Aufführung solcher Schauspiele stets benutzt wird. Charakteristisch ist, daß der Anzug bei allen Theilnehmern derselbe ist, während nur die Masken verschieden sind.

Der Anzug ist aus weichen chinesischen Seidenstoffen gemacht, außen grün, mit gelben und blauen Bändern besetzt und mit einer weißen Schärpe um den Leib befestigt. Er wird über dem gewöhnlichen Anzuge wie ein Oberrock getragen und die ungemein weiten Aermel, sowie die Größe des ganzen Rocks, tragen wesentlich dazu bei, die einfachen und wenig charakteristischen Tänze dennoch belebt und mannigfaltig zu machen.

An einer Darstellung dieser religiösen Schauspiele nehmen sämmtliche Bewohner eines Klosters antheil. Sie finden nur einigemal im Jahre statt und werden als höhere Kirchenfeierlichkeiten mit sehr viel Ernst und Würde gefeiert. Nur der Schluß der Tänze, der stets von einer Schaar von Knaben ausgeführt wird, die später zu ***Lamas*** *herangebildet werden, ist gewöhnlich etwas roh und grotesk.*

Das Drama endet nämlich damit, daß die böse Partei der Hauptspieler, N° 2, 4 und 6, mit größeren, oft mit Kupfer beschlagenen Stöcken geschlagen werden. Obwohl sie durch Unterlagen unter ihrem weiten Gewande hinlänglich vor Verletzung geschützt sind, macht doch diese Schlußszene keinen, dem übrigen entsprechenden Eindruck.

Die gefälligen ***Lamas*** *des Klosters* ***Himis*** *bei* ***Leh*** *in* ***Ladak*** *waren so freundlich, uns eine eigene Aufführung eines dieser merkwürdigen Schauspiele zu geben. Sie werden, wie es scheint, nur in einzelnen größeren Klöstern aufgeführt, dies erklärt auch, daß in dem so interessanten Buche von* ***Huc*** *und* ***Gabet*** *keine Erwähnung dieser Schauspiele gemacht wird.*

Es gelang uns nur durch Überredung und Geld und andere Geschenke, sie sonst so toleranten ***Lamas*** *zu bewegen, uns die Masken und den Anzug zu überlassen, theils, weil sie als heilige Kirchengeräthe betrachtet werden, theils weil es fast unmöglich schien, neue aus* ***Lhassa,*** *wo sie allein gefertigt werden, bis zur nächsten Aufführung zu erhalten.*

Die übersandten Masken sind Fak-Similes der Originale in ganz analogen Material, einer Art Steinpappe, angefertigt, nur die Tücher aus Seide, und die aus ***Yakshaaren*** *geflochtenen Zöpfe sind hier, abweichend von den Originalen, ebenfalls in Steinpappe angefertigt.*

gez. Herm. v. Schlagintweit
gez. Robert v. Schlagintweit

II

Seine Heiligkeit der Dalai-Lama

Rede an die Mitglieder des Europäischen Parlaments

Straßburg, 15. Juni 1988

Wir leben heute in einer durch starke Abhängigkeit geprägten Welt. Ein Land kann seine Probleme nicht länger im Alleingang lösen. Ohne ein universelles Verantwortungsgefühl ist selbst unser eigenes Überleben gefährdet. Deshalb habe ich immer an die Notwendigkeit eines besseren gegenseitigen Verständnisses, einer engeren Zusammenarbeit und an größeren Respekt unter den verschiedenen Nationen der Welt geglaubt. Das Europäische Parlament ist ein inspirierendes Beispiel für bessere Zusammenarbeit und bessere internationale Verständigung. Nach dem Kriegschaos haben die einstigen Feinde in einer einzigen Generation gelernt, miteinander zu leben und zusammenzuarbeiten. Deshalb bin ich besonders froh und fühle mich geehrt, zu dieser Versammlung im Europäischen Parlament zu sprechen.

Wie Sie wissen, befindet sich mein eigenes Land – Tibet – in einer sehr schwierigen Periode. Die Tibeter, besonders diejenigen, die unter chinesischer Okkupation leben, sehnen sich nach Freiheit und Gerechtigkeit und einer selbstbestimmten Zukunft, damit es ihnen möglich wird, ihre einzigartige Identität zu bewahren und in Frieden mit ihren Nachbarn zu leben.

Über tausend Jahre lang haben wir Tibeter geistige und ökologische Werte hochgehalten, um das empfindliche Gleichgewicht zwischen dem Menschen und der Natur auf unserem Hochplateau intakt zu erhalten. Inspiriert durch Buddhas Lehre der Gewaltlosigkeit und Barmherzigkeit und von unseren Bergen geschützt, versuchten wir jede Form des Lebens zu respektieren und Krieg als Mittel der Politik abzuschaffen.

Unsere mehr als zweitausendjährige Geschichte ist durch Unabhängigkeit gekennzeichnet. Seit der Gründung unserer Nation im Jahr 127 v. Chr. haben wir Tibeter kein einziges Mal unsere Unabhängigkeit an eine ausländische Macht abgegeben. Wie alle anderen Nationen erlebte auch Tibet solche Perioden, in denen unsere Nachbarn – Mongolen, Mandschus, Chinesen, Engländer und die nepalesischen Gurkhas – versuchten, Einfluß über uns zu gewinnen. Diese Zeiten waren nur kurz, und das tibetische Volk hat sie nie als Verlust unserer nationalen Souveränität betrachtet. Zudem gab es Zeiten, wo tibetische Herrscher große Teile von China und anderen Nachbarstaaten eroberten. Daraus leiten wir Tibeter aber keinen Anspruch auf diese Gebiete ab.

Im Jahre 1949 fiel die Volksrepublik China mit Gewalt in Tibet ein. Seitdem erlebt Tibet das düsterste Kapitel seiner Geschichte. Mehr als eine Million unserer Landsleute sind in der Folge dieser Okkupation umgekommen. Tausende von Klöstern wurden in Ruinen verwandelt. Eine Generation von Tibetern ist ohne Schulbildung, ohne wirtschaftliche Möglichkeiten und ohne ein eigenes Nationalgefühl aufgewachsen. Auch wenn die gegenwärtige chinesische Führung gewisse Reformen durchgeführt hat, fördert sie doch im Gegenzug eine massive Bevölkerungsumsiedlung auf das tibetische Plateau. Diese Politik hat dazu geführt, daß die sechs Millionen Tibeter zu einer Minderheit reduziert worden sind. Ich spreche für alle Tibeter, wenn ich Ihnen leider mitteilen muß, daß unsere Tragödie andauert.

Ich habe mein Volk immer aufgefordert, in seinem Bemühen, das Leiden zu überwinden, gewaltlos vorzugehen. Jedoch glaube ich, daß alle Menschen das Recht haben, friedlich gegen Unrecht zu protestieren. Leider wurden die Demonstrationen in Tibet von chinesischer Polizei und Militär gewaltsam unterdrückt. Ich werde auch weiterhin Gewaltlosigkeit befürworten, aber wenn China nicht von seinen brutalen Methoden abläßt, können die Tibeter für eine Verschlechterung der Situation nicht verantwortlich gemacht werden.

Jeder Tibeter hofft und betet für die vollständige Wiederherstellung der Unabhängigkeit unserer Nation. Tausende von unseren Leuten haben ihr Leben geopfert, und unsere ganze

Nation hat in diesem Kampf gelitten. Sogar in den letzten Monaten haben Tibeter mutig ihr Leben hingegeben, um dieses hohe Ziel zu erreichen. Andererseits beachten die Chinesen diese Wünsche des tibetischen Volkes überhaupt nicht und führen ihre brutale Unterdrückungspolitik fort.

Ich habe mir lange Zeit Gedanken gemacht, wie eine realistische Lösung für die Notlage meiner Nation erreicht werden kann. Mein Kabinett und ich haben die Ratschläge vieler Freunde und Personen, die um das Schicksal Tibets besorgt sind, eingeholt. Daraufhin legte ich am 21. September 1987 vor dem Menschenrechtsausschuß des Kongresses in Washington, D. C. einen Friedensplan für Tibet in fünf Punkten vor. Darin schlug ich vor, Tibet in eine Friedenzone umzuwandeln: in ein geschütztes Gebiet, wo Menschen in Harmonie mit der Natur leben können. Des weiteren rief ich zur Achtung der Menschenrechte und demokratischen Ideale, zum Schutz der Umwelt und zu einem Stop der chinesischen Bevölkerungsumsiedlung nach Tibet auf.

Der fünfte Punkt dieses Friedensplanes forderte ernsthafte Verhandlungen zwischen den Tibetern und den Chinesen. Folglich haben wir die Initiative ergriffen und einige Gedanken formuliert, die, wie wir hoffen, als Basis für eine Lösung der Tibet-Frage dienen könnten. Ich möchte diese Gelegenheit wahrnehmen, der ehrenwerten Versammlung hier die Hauptpunkte unserer Überlegungen mitzuteilen:

Gesamt-Tibet, bekannt als Cholka-Sum (Ue-Tsang, Kam und Amdo), soll in Assoziierung mit der Volksrepublik China eine sich selbst regierende, demokratisch-politische Einheit werden, die sich mit der Zustimmung des Volkes auf Recht gründet und sich für das Allgemeinwohl sowie für den Schutz der Bevölkerung und der Umwelt verpflichtet.

Die Regierung der Volksrepublik China könnte auch weiterhin für Tibets Außenpolitik verantwortlich bleiben. Auf der anderen Seite sollte die tibetische Regierung durch ihr eigenes Amt für auswärtige Angelegenheiten auf den Gebieten der Religion, des Handels, der Ausbildung, der Kultur, des Tourismus, der Wissenschaft, des Sports und anderen nicht-politischen Gebieten Beziehungen entwickeln und pflegen. Tibet sollte Mitglied internationaler Organisationen werden, die sich für solche Ziele einsetzen.

Die Regierung Tibets sollte auf einer Verfassung oder einem Grundgesetz gegründet werden. Dieses Grundgesetz sollte ein demokratisches Regierungssystem vorsehen, welches mit der Aufgabe betraut ist, wirtschaftliche Chancengleichheit, soziale Gerechtigkeit sowie Umweltschutz zu sichern. Das bedeutet, daß die Regierung Tibets das Recht hat, in allen Tibet und die Tibeter betreffenden Angelegenheiten zu entscheiden.

Da individuelle Freiheit die wirkliche Quelle und das Potential der Entwicklung jeder Gesellschaft ist, hätte die Regierung Tibets diese Freiheit zu sichern, indem sie an der Einhaltung der universellen Erklärung der Menschenrechte, einschließlich des Rechts auf freie Meinungsäußerung, Versammlungsfreiheit und Religion, festhält. Da die Basis der nationalen Identität Tibets in der Religion liegt und die geistigen Werte das Herzstück der reichen Kultur Tibets sind, würde es die besondere Pflicht der tibetischen Regierung sein, die Ausübung dieser Werte zu schützen und auszubauen.

Das System sollte aus einem vom Volk gewählten Regierungschef, einem aus zwei Kammern bestehenden gesetzgebenden Parlament und einer unabhängigen Justiz bestehen. Der Sitz sollte in Lhasa sein.

Das soziale und ökonomische System Tibets sollte in Übereinstimmung mit den Wünschen des tibetischen Volkes bestimmt werden, wobei besonders die Notwendigkeit der Verbesserung des Lebensstandards der ganzen Bevölkerung berücksichtigt werden sollte.

Die Regierung Tibets hat strenge Gesetze zum Schutz der Tier- und Pflanzenwelt zu verabschieden. Die Ausbeutung der Bodenschätze hat sorgfältig geregelt zu werden. Die Herstellung, das Testen und die Lagerung von nuklearen und anderen Waffen sowie die Anwendung der Kernkraft und anderer Technologien, die gefährliche Abfälle hinterlassen, müssen verboten werden. Es sollte das Ziel der tibetischen Regierung sein, Tibet in das größte Naturschutzgebiet unseres Planeten umzuwandeln.

Eine regionale Friedenskonferenz sollte einberufen werden, um zu gewährleisten, daß Tibet durch Demilitarisierung eine wirkliche Friedenszone wird. Bis eine solche Friedenskonferenz stattfinden kann und Demilitarisierung und Neutralisierung erreicht werden, hätte China das Recht, eine begrenzte Anzahl von militärischen Einrichtungen – jedoch ausschließlich für Verteidigungszwecke – in Tibet zu unterhalten.

Um eine Atmosphäre des Vertrauens zu schaffen, die erfolgreiche Verhandlungen fördert, sollte die chinesische Regierung ihre Menschenrechtsverletzungen beenden und die Umsiedlungspolitik von Chinesen nach Tibet einstellen.

Das sind unsere Gedanken. Es ist mir bewußt, daß viele Tibeter von dem gemäßigten Standpunkt dieser Gedanken enttäuscht sein werden. Zweifellos werden in den kommenden Monaten in unserer Gemeinschaft, sowohl in Tibet wie im Exil, viele Diskussionen darüber geführt werden. Dies ist aber ein notwendiger und unschätzbarer Teil eines jeden Wandlungsprozesses. Ich glaube, daß diese Überlegungen die realistischsten Möglichkeiten bieten, die eigene Identität Tibets und die fundamentalen Rechte des tibetischen Volkes wiederherzustellen unter gleichzeitiger Berücksichtigung der Interessen Chinas.

Ich möchte aber betonen, daß das tibetische Volk selbst die letzte Entscheidungsgewalt sein muß, was immer auch die Ergebnisse der Verhandlungen mit den Chinesen sein mögen. Deshalb wird jeder Vorschlag ein verfahrensrechtliches Vorgehen enthalten, das die Wünsche des tibetischen Volkes in einem landesweiten Referendum ermittelt.

Bei dieser Gelegenheit möchte ich sagen, daß ich keine aktive Rolle in der Regierung Tibets spielen möchte. Selbstverständlich werde ich, solange es notwendig ist und soviel ich kann, für das Wohlergehen und Glück des tibetischen Volkes weiterarbeiten.

Wir sind bereit, der Regierung der Volksrepublik China einen Vorschlag zu unterbreiten, der auf den hier vorgestellten Gedanken basiert. Eine Verhandlungsdelegation, die die tibetische Regierung vertritt, ist schon ausgewählt. Wir sind bereit, mit den Chinesen zusammenzukommen und die Einzelheiten eines solchen Vorschlags, der auf eine gerechte Lösung hinzielt, zu diskutieren.

Wir sind ermutigt durch das lebhafte Interesse, das unserer Situation von einer wachsenden Zahl von Regierungen und Politikern, einschließlich des ehemaligen Präsidenten der Vereinigten Staaten Jimmy Carter, entgegengebracht wird. Wir sind auch durch die jüngsten Veränderungen in China ermutigt, die eine neue Gruppe von pragmatischen und liberalen Politikern hervorgebracht hat.

Wir fordern die chinesische Regierung und ihre Führung auf, den hier vorgestellten Ideen ernsthafte und substantielle Beachtung zu schenken. Nur Gespräche und der Wille, die tibetische Realität ehrlich und unvoreingenommen zu betrachten, können zu einer tragfähigen Lösung führen. Wir möchten bei den Diskussionen mit der chinesischen Regierung die überragenden Interessen der Menschheit nicht außer acht lassen. Aus diesem Grund wird unser Vorschlag in einem Geist der Versöhnung gemacht, und wir hoffen, daß die Chinesen auf entsprechende Weise antworten werden.

Die einzigartige Geschichte und das tiefgründige geistige Erbe meines Landes machen es bestens geeignet als Gebiet des Friedens im Herzen Asiens. Der historische Status als neutraler Pufferstaat kann wiederhergestellt werden und zur Stabilität des ganzen Kontinents beitragen. Dadurch können die Aussichten für Frieden und Sicherheit nicht nur für Asien, sondern für die ganze Welt verbessert werden. In der Zukunft braucht Tibet nicht länger ein besetztes Land zu sein, das mit Gewalt unterdrückt, unproduktiv und durch Leiden gekennzeichnet ist. Es kann eine Heimat werden, wo Mensch und Natur in harmonischem Gleichgewicht miteinander leben, ein kreatives Modell für die Lösung von Spannungen, welche viele Teile der Welt heimsuchen.

Die chinesische Führung muß einsehen, daß kolonialistische Herrschaft über okkupierte Gebiete heute anachronistisch ist. Eine echte Union oder Assoziierung kann nur freiwillig geschaffen werden, wenn allen Seiten ausreichende Vorteile geboten werden. Die Europäische Gemeinschaft ist ein deutliches Beispiel dafür. Andererseits kann sogar ein Land oder eine Gemeinschaft in zwei oder mehr Teile auseinanderbrechen, wenn es an Vertrauen oder Vorteilen mangelt und wenn Gewalt als hauptsächliches Mittel der Herrschaft verwendet wird.

Zum Schluß möchte ich einen besonderen Aufruf an die ehrenwerten Mitglieder des Europäischen Parlaments machen und durch sie ihre Wählerschaft in den jeweiligen Ländern bitten, unsere Bemühungen zu unterstützen. Eine Lösung des tibetischen Problems innerhalb des von uns vorgeschlagenen Rahmens wird nicht nur zum Vorteil und Nutzen sowohl des tibetischen als auch des chinesischen Volkes sein, sondern ebenfalls zum regionalen und globalen Frieden und zur Stabilität beitragen. Ich danke Ihnen, daß Sie mir die Möglichkeit gegeben haben, meine Gedanken mit Ihnen zu teilen.

(Der Nachdruck der Rede des Dalai-Lama erfolgte mit freundlicher Genehmigung des „Office of Tibet“, Rieterstraße 18, Ch-8002, Zürich).

Ludmilla Tüting

„Das Leben war härter, aber zu leben war leichter" Die Zerstörung des tibetischen Ökosystems: „Entwicklung" und Tourismus auf dem Dach der Welt

Eigentlich ist es unfaßbar: Da unternimmt die Volksrepublik China jeden nur erdenklichen Versuch, bedrohte Tierarten wie den Pandabären vor dem Aussterben zu bewahren und ist sich auf der anderen Seite nicht zu schade, die Kultur eines ganzen Volkes gewaltsam zu zerstören. Lebenslänglich ins Gefängnis wanderten Männer, die einen Panda töteten, um sein Fell zu verkaufen (Dezember 1987). Immer noch frei sind jene, die direkt und indirekt am Tode von 1,2 Millionen Tibetern beteiligt waren. Haben die putzigen Pandas in der chinesischen Gesellschaft einen höheren Stellenwert als „rückständige" Minderheiten?

Aber obwohl chinesische Wissenschaftler die Pandas notfalls im Reagenzglas künstlich nachzüchten wollen, dürften Tibeter die größeren Überlebenschancen haben. Denn wie ungebrochen ihre kulturelle Identität ist, wird seit den Unruhen im Herbst 1987 erneut deutlich. Vielleicht liegt es aber auch daran, daß sich die Bewohner Lhasas in einem Museum unterhalb des Potala immer wieder ins Gedächtnis rufen können, wie Tibeter auszusehen haben. Dort sind sie nämlich als „lebendige Ausgestorbene" durch lebensgroße Puppen ausgestellt. Oder sollte das nur der Belustigung der chinesischen Besatzer dienen, die sich an anderer Stelle für ein Souvenirfoto sogar als Tibeter verkleiden? (Kloster Kumbum in Qinghai, dem früheren Amdo.)

Grundsätzlich gibt es in China ein Bewußtsein dafür, daß die Tier- und Pflanzenwelt geschützt und erhalten werden muß. Nur in der Autonomen Region Tibet scheint das weder für die Menschen noch für Fauna und Flora zu gelten wie den übereinstimmenden Augenzeugenberichten über das Verschwinden großer Herden von Antilopen, Gazellen, wilder Esel, Yaks und Wildschafen, die es vor der „Befreiung" noch gegeben hat, zu entnehmen ist. Trotzdem dürfen in Qinghai (Amdo) am Qinghai-See (Tso Ngon/Kokonor-See) zahlungskräftige US-Touristen auf die Jagd gehen ...

Viele Tiere kamen zusätzlich während einer Naturkatastrophe im Oktober 1985 um, als die verheerendsten Schneestürme seit 30 Jahren Tibet heimsuchten. Der berühmte Zoologe Georg Schaller, Direktor der Organisation Conservation International, machte dabei die erstaunliche Beobachtung, daß die tibetischen Nomaden in ihren windgeschützten Zelten keine großen Probleme hatten: Ihre Schafsfellkleidung hielt sie warm, und sie besaßen genügend Vorräte an Nahrung und Yakdung als Brennmaterial. Aus Mangel an Tierfutter hatten sie jedoch keine andere Wahl, als viele ihrer Schafe notzuschlachten.

Anders dagegen ein Jahr später in Qinghai (Amdo). Dort mußten Flugzeuge über 11000 Tonnen Hilfsgüter für fast 40000 Hirtenfamilien abwerfen, die durch starke, wochenlange Blizzards bedroht waren. Von 1,8 Mio. Tieren konnte nur knapp die Hälfte in Sicherheit gebracht werden.

Genauere Angaben über eine erste Erhebung der vielfältigen Tierwelt machte ein chinesischer Konferenzvertreter im Dezember 1983 in Kathmandu (Nepal). Demnach gibt es in der Autonomen Region Tibet 191 verschiedene Säugetiere, 532 Vogel-, 49 Reptil- und 32 Amphibienarten.

1985 begannen die China Wildlife Conservation Association und Wildlife Conservation International ein auf fünf Jahre angelegtes Projekt, in dem neue Strategien zum Schutz der Tierwelt in Tibet entwickelt werden sollen.

Der Viehbestand der Bauern und Nomaden belief sich 1986 auf 22,58 Mio. Stück, vor allem Schafe, Ziegen, Yaks und Pferde.

Auch der Frage, seit wann – seit Jahrhunderten? – und warum es in Tibet so wenig Wälder gibt, muß noch nachgegangen werden. Obwohl die Waldflächen des gesamten Qinghai-Tibet-Plateaus nur 4,1 % ausmachen, handelt es sich um die zweitgrößten natürlichen Waldgebiete Chinas. Sie liegen hauptsächlich im Osten und Südosten unterhalb 4000 m Höhe. Der Holzbestand der Autonomen Region Tibet betrug 1984 nach offiziellen Angaben über 610 Mio. Kubikmeter.

Daß riesige Wälder in Tibet gerodet und die Hölzer nach China transportiert wurden, war mehrmals Radio Lhasa mit genauen Zahlenangaben zu entnehmen. Von Aufforstungen in Tibet ist dagegen nichts zu vernehmen, sieht man von gelegentlichen Ansätzen einiger Dörfer einmal ab.

Die Autonome Region Tibet ist mittlerweile durch vier große Überlandstraßen mit China verbunden, die den Abtransport der Stämme erleichtern. Über diese abenteuerlichen Strecken wird Tibet auch mit allen Gütern aus China versorgt, heute hauptsächlich von Norden aus. Seit Mai 1984 gibt es eine Eisenbahnlinie bis Golmud (von Xining aus) und von dort eine strategisch wichtige asphaltierte Straße bis Lhasa (und weiter seit 1967 bis Nepal). Das gesamte Straßennetz in Tibet betrug 1987 knapp 21600 km.

Tankstellen sind rar. Erdölquellen und Raffinerien sind in Tibet unbekannt. 30 % der gesamten Transportkapazität wird für Treibstoff benötigt. Er muß gänzlich eingeführt werden und wird natürlich fast ausschließlich für die stationierten Truppen, die ansässigen Chinesen und die Touristen verwendet. Privatverkehr gibt es nicht – in ganz China weniger als 100 Privatautos! –, und öffentliche Verkehrsmittel sind rar.

Dafür verfügt das kalte Tibet über die größten Vorkommen der Welt an Geothermal-Energie, Wärmequellen im Innern der Erde, die als kochende, heiße, dampfende oder salzige Quellen an die Oberfläche treten. An anderen Stellen steigt Dampf aus heißem Boden, und am Rande des Thermalfeldes von Yangpachen (Yangbaijing), 100 Kilometer von Lhasa entfernt, gibt es sogar einen 45 °C heißen See. Mit 16 Metern Tiefe und 7000 Quadratmetern ist er der tiefste und größte Heißwassersee in China.

Bisher wurden über 600 geothermische Vorkommen entdeckt. Diejenigen von Yangpachen werden seit 1977 zur Stromerzeugung (heute 7000 Kilowatt) benutzt. Die Erdwärmeanlage versorgt seit Dezember 1981 auch Lhasa mit Strom, das seitdem nicht mehr allein auf ein 18 Kilometer entferntes Wasserkraftwerk angewiesen ist. Das bedeutete eine große Erleichterung, denn der Kyi-chu-Fluß (Lhasa Fluß) friert im Winter oft zu und reduziert die Leistung (1250 Kilowatt) auf ein Minimum. Weitere Erdwärmekraftwerke sind geplant. Geologen befürchten, daß die Vorräte in Yangpachen spätestens in 25 bis 30 Jahren erschöpft sind.

Es soll mehr als 800 überwiegend sehr kleine Wasserwerke geben. Meistens werden sie gleichzeitig zur Energiegewinnung und zur Bewässerung der Felder genutzt.

Außerdem wird in der Nähe von Lhasa, Shigatse und Chamdo im Osten etwas Kohle abgebaut – und in Tibet verbraucht?

China setzt große Hoffnung auf Sonnen- und Windenergie (bislang nur in der Mongolei erzeugt) sowie Biogas. 20 Mio. chinesische Haushalte sollen bis zum Jahr 1990 mit Biogasanlagen versorgt sein, eine Möglichkeit, die auf Tibet wegen zu niedriger Temperaturen vorläufig nicht übertragbar ist.

Hier bietet sich bei einer Sonnenscheindauer von 3000 Stunden im Jahr ohnehin eher die Sonnenenergie an. 1986 waren in Tibet 2000 Sonnenkollektoren und -öfen – vornehmlich bei Chinesen? – in Gebrauch. Einfache, in China hergestellte Reflektoren bringen fünf Liter Wasser an sonnigen Tagen in 20 Minuten zum Kochen. Das ist bei dem hohen Teeverbrauch eine gute Sache. Sie kosten umgerechnet 50 DM und können einer Familie im Jahr eine Tonne Feuerholz ersparen. Versuche werden auch mit Gewächshäusern und kleinen Badehäusern unternommen, in denen Wasser für sechs Personen durch Sonnenenergie erwärmt wird.

Haben in China rund 40% der Landbevölkerung keinen Zugang zu Stromquellen, so ist die Zahl in Tibet ungleich höher. Die meisten der 1,4 Millionen Kleinbauern und 400 000 Nomaden versorgen sich mit Yakdung, mühselig zusammengesuchtem Wachholdergestrüpp (auch als Weihrauch) und – falls überhaupt vorhanden – mit Feuerholz. Vor allem Trekkingtouristen und Expeditionsteilnehmer sollten diese Tatsache nie aus den Augen verlieren und darauf bestehen, daß eigene Brennstoffe wie Kerosin oder Gas mitgeführt werden!

Sie sollten außerdem aus den Stromleitungen entlang der Überlandstraßen nicht den Schluß ziehen, die tibetischen Dörfer seien alle elektrifiziert. In Wirklichkeit gibt es nur dort Strom, wo Chinesen leben oder arbeiten. Die Leitungen führen zwar auch durch tibetische Dörfer, versorgen sie aber nicht.

Selbst in Lhasa kochen die rund 120 000 Bewohner – davon nur 30 000 Tibeter – kaum mit Strom, sondern überwiegend mit Holz. In den Hotels in und nahe der Altstadt kann jede(r) gut beobachten, welch ungeheueren zusätzlichen Mengen die Touristen für heißes Wasser (Tee, Duschen) und das Restaurantessen verbrauchen. Das Holz wird lastwagenweise von weither angekarrt.

Im Holiday-Inn „Lhasa Hotel" wird sogar geheizt – mit Öl? Und seit Oktober 1987 gibt es die Krönung des Fortschritts in Lhasa: einen Swimmingpool, den ersten in der Geschichte Tibets, der ständig mit 27 Grad Wassertemperatur beheizt ist.

„Welch absurdes Mißverständnis muß zwischen Pekings Planern und den Tibetern herrschen", kommentierte dazu der Journalist Johnny Erling. Der Luxuspool ist nur eines von zahllosen Beispielen, wie an den Tibetern „vorbeientwickelt" wird. (Über unsere Entwicklungshilfe ist übrigens Ähnliches bekannt.) Chinesische Offizelle und Publikationen brüsten sich zwar gerne damit, welcher Fortschritt seit der „Befreiung" nach Tibet gebracht worden sei, doch stellt sich die Frage: für wen? Fachleute und Tibeter stellen übereinstimmend fest:

– Die eingeführten „Modernisierungen" inkl. der Schulen und Arbeitsplätze nutzen fast nur den Chinesen.

– Den allergrößten Teil des mittlerweile investierten Geldes verschlingen die Verwaltung der Besatzungsmacht und die 300 000 bis 500 000 Soldaten der Volksbefreiungsarmee.

Aufmerksame Besucher können das vor Ort leicht beobachten, informierte Leser den chinesischen Zeitungen entnehmen. Ein Beispiel aus der Beijing Rundschau vom Oktober 1987: „Seit 1985 hat die Zentralregierung in Tibet 470 Mio. Yuan in 45 Projekte investiert. Davon entfallen acht auf den Bereich Tourismus" (das sind fast 20%, und Tibeter sind daran kaum beteiligt) . . . „38 der Projekte wurden von 20 000 Arbeitern aus Beijing, Guangdong, Jiangsu und anderen Landesteilen (Chinas) innerhalb von 16 Monaten fertiggestellt" – dabei ist die Arbeitslosigkeit unter den Tibetern hoch! Andererseits wurden im April 1987 insgesamt 3000 tibetische Bauarbeiter aus dem Süden des Landes, die in Lhasa an dem Bauboom teilhaben wollten, unter fadenscheinigen Gründen aus ihrer Hauptstadt ausgewiesen.

Daß sich so viele Chinesen wie möglich, gemeint sind immer Han-Chinesen, in Tibet niederlassen, gehört zu der seit langem praktizierten Sanierungspolitik („Chinesischmachung") der Zentralregierung in Peking. Dafür gibt es bereits historische Beispiele, die den Tibetern nichts Gutes versprechen. So sind die 2,6 Millionen Mandschuren „heute vollkommen in die chinesische Kultur assimiliert" (offizieller Sprachgebrauch), leben in der Inneren Mongolei nur noch 20 % Mongolen oder besteht die Bevölkerung von Xinjiang (Sinkiang/Ost-Turkestan) heute zu 45 % aus Uiguren und zu 40 % aus Han-Chinesen. 1940 betrug das Verhältnis noch 79 : 8 Prozent.

Die größten Fehler nach der gewaltsamen Besetzung Tibets 1949/50 wurden in der Landwirtschaft gemacht. Plötzlich gab es nie gekannte Hungersnöte. „Es war nicht nur ein wirtschaftliches Fiasko, sondern Völkermord", meinte ein hochstehender Mönch, „die Familienclans, die jahrhundertelang mal recht mal schlecht über die Runden kamen, weil sie sich stets selbst versorgten, verhungerten reihenweise, weil die Volkskommunen ihren Besitz verwirtschaftet hatten".

Der Anbau von Nahrungsmitteln, besonders von Getreide, richtete sich nach den Bedürfnissen der chinesischen Besatzungsmacht und wurde obendrein noch nach China ausgeführt. Besonders der Zwang, statt der bewährten Hochgebirgsgerste vorrangig Winterweizen anzubauen, und die Kollektivierung der Nomadenwirtschaft brachten dem tibetischen Volk nie gekannte Hungerkatastrophen.

Häufig wurden die Viehherden, ohne die Tibeter nicht überleben können (Dung, Wolle, Fellmäntel, Butter) drastisch reduziert, nicht selten aber auch stark vergrößert, ohne daß ausreichend Weideland vorhanden gewesen wäre. In einer Kommune allein verhungerten und erfroren 30 000 Stück Vieh auf einen Schlag! Geplant wurde ausschließlich vom grünen Tisch der „Revolutionäre", ohne die Bedingungen der Umwelt zu berücksichtigen.

Wenngleich 1979 die sog. Reformpolitik alle Bauern und Nomaden von jeglichen Ablieferungszwängen und Steuern auf 15 Jahre befreite und Privatbesitz und Privatwirtschaft wieder förderte, so sind doch die Spuren der Mißwirtschaft noch allgegenwärtig. Deshalb sollten auch Touristen nicht erstaunt sein, wenn sich manchmal ganze Horden von Kindern, Frauen und Männern auf die Reste ihrer Teller stürzen. Zum direkten Betteln zu stolz, warten selbst Khampas geduldig neben dem Tisch, bis man aufgegessen hat.

Eine Exiltibeterin aus Indien wurde in Lhasa Zeugin, wie eine Frau aus Nagchu (nördlich von Lhasa) ihren fünfjährigen Sohn verkaufen wollte. Sie war wieder schwanger und wußte nicht, woher sie genügend Nahrungsmittel und Kleidung bekommen sollte.

Gut, daß die verzweifelte Mutter nicht weiß, daß China jährlich 55 000 Tonnen Yakfleisch nach Hongkong exportiert, Yakfleisch aus Qinghai (Amdo), das auch für die 500 000 Einwohner der Provinzhauptstadt Xining vor allem im Winter ein begehrtes Nahrungsmittel ist.

Das tibetische Ökosystem

Das tibetische Ökosystem, das sich über viele Jahrhunderte entwickelte, scheinen die meisten Chinesen bis heute nicht verstanden zu haben. Veränderungen (Entwicklung) hätten hier ganz langsamer, behutsamer Schritte bedurft, nicht aber plötzlich rigoroser („revolutionärer") und rücksichtsloser Maßnahmen, die den Menschen, ihrer Kultur und der Natur großen Schaden zufügten.

Statt dessen räumten sie – nicht nur während der Kulturrevolution(!) – mit einer vermeintlichen Rückständigkeit auf, die in Wirklichkeit eine ausgeklügelte Überlebenstechnik in einem extrem menschenfeindlichen Gebiet war.

Leider wird im Ausland – auch bei uns – von vielen, darunter auch kritisch eingestellten Personen, das diskriminierende Vokabular und die oft rassistische Einstellung der Chinesen übernommen. Freilich kennen die meisten von ihnen weder Tibeter noch Tibet selbst und können nur nach euro- bzw. sinozentrischen Maßstäben urteilen. Nach wie vor schauen Chinesen mit großer Arroganz und voller Verachtung auf die „unzivilisierten, wilden Barbaren" (Tibeter) herab, und betrachten sie als „Parasiten" (Mönche), die blind an diesen „Verräter", den Dalai Lama, glauben. Hier einige Beispiele aus der angepaßten Lebensweise, die mit Klima und Natur in Einklang stehen:

Nahrung:	salziger Buttertee, geröstetes Gerstenmehl (Tsampa), getrocknetes Yakfleisch, getrockneter Käse u. ä. Butter: Nahrungsmittel, Hautschutzmittel gegen Wind und Kälte, Brennstoff für Butterlämpchen.
Yak:	Dung (Brennstoff), Milch, Fleisch, Wolle, Transport-, Reit-, Zugtier.
Wohnen:	Zelte; Gebäude aus gestampftem Lehm oder aus luftgetrockneten und mit Strohhäcksel vermischten Lehmziegeln (Adobe), Innenhöfe, keine Heizungen.
Ehe:	Verbreitet war Polyandrie, d. h. eine Frau heiratet zwei bis drei Männer (immer Brüder). Ergebnis:

u. a. weniger Kinder, kaum Zerteilung des Landbesitzes.

Tod: Da kein Holz zum Verbrennen vorhanden und der Boden zu hart gefroren ist, werden die Leichen an ganz bestimmten Plätzen nach vorgeschriebenen Riten zerteilt und an Geier verfüttert. Durch diese „Himmelsbestattungen" werden sie in den Kreislauf der Natur zurückgegeben. Um die „Seelen" kümmern sich Angehörige und Mönche in langen Zeremonien.

Religion: Kulturelle Identität der Tibeter: Tibetischer Nationalismus und religiöser Glaube sind untrennbar miteinander verbunden. Die Religion bestimmt durch den ewigen Kreislauf der Wiedergeburten den gesamten Lebenslauf und stellt deshalb das jetzige Leben nicht in Frage. Das Karma, d. h. die guten und bösen Taten aus dem vorhergegangenen Leben, beeinflußt die Qualität des derzeitigen.

Wie bezeichnete ein Tibeter die Zeit vor der chinesischen Besetzung treffend?

„Das Leben war härter, aber zu leben war leichter."

Ein neues Disneyland?

Seit 1980 sehen sich die Tibeter einer weiteren Gefahr ausgesetzt: Durch die Öffnung für den Tourismus erhielt Tibet den Status einer Art Disneyland. Nicht wenige Chinesen und Besucher dokumentieren diese Einstellung jedenfalls durch respektloses, überhebliches Verhalten. Sogenannte „Expeditionen", „Entdecker-Reisen" und „Pioniertouren" auf das „geheimnisvolle Dach der Welt" ermöglichen es, die „exotische Zurückgebliebenheit" auch wirklich wie im Zoo zu bewundern.

Andererseits bedeutet der Tourismus eine gewisse Beruhigung für die Tibeter, weil sich durch ihn die Chancen erhöhen, daß bei Verhaftungen und Unruhen Nachrichten an die Außenwelt gelangen. Der Aufstand vom Oktober 1987 gibt darüber ein beredtes Beispiel ab. Vor allem Einzelreisende, die im Gegensatz zu Pauschaltouristen im Zentrum Lhasas in der tibetischen Altstadt wohnen können, hielten mit Hilfe von Tibetern alle Einzelheiten minuziös in Wort und Bild fest. Einige von ihnen bildeten das „Committee of 45 Westerners in Lhasa" und verfaßten für die tibetische Exilregierung in Dharamsala (Nordindien) einen detaillierten Bericht, den sie frühzeitig aus dem Land schmuggeln konnten. Inzwischen in der tibetischen Exilpresse veröffentlicht, enthält er bis heute die ausführlichsten Informationen über den Ablauf der Ereignisse. Ärzte unter den Touristen retteten und behandelten verletzte Tibeter, die es nicht wagten, ein Krankenhaus aufzusuchen. Zwei der beteiligten US-Touristen, die von der chinesischen Verwaltung ausgewiesen wurden, meinten sogar: „Ausländer und Tibeter sind der Ansicht, daß ein Massaker stattgefunden hätte, wären keine Touristen vor Ort gewesen!" (Leserbrief, International Herald Tribune, 28.10.1987).

Die Protestaktionen, Verhaftungen und Folterungen reißen seither nicht mehr ab. Im März 1989 wurde Lhasa nach einem Blutbad, dem viele hundert Tibeter zum Opfer fielen, unter Kriegsrecht gestellt. Wieder waren es Touristen, die als Augenzeugen die erschütternden Aussagen einiger Flüchtlinge bestätigen konnten: mehrfach vor der Menschenrechts-Kommission der Vereinten Nationen in Genf und im April 1989 auf einer internationalen, überparteilichen Tibet-Anhörung in Bonn, die von Petra Kelly und Gert Bastian organisiert wurde. Aber erst seit dem Massaker Anfang Juni 1989, das chinesische Soldaten unter den Studenten in Peking anrichteten, und der Einblendung einer brutalen Szene im ARD-Fernsehen am 1. August 1989, begreifen und glauben viele Gegner Tibets, daß die brutale Unterdrückung und die ungeheuerlichen Menschenrechtsverletzungen keine Erfindung oder Übertreibung der Tibeter sind.

Das Geschäft mit den devisenträchtigen westlichen Touristen wollen sich die Chinesen jedoch nicht entgehen lassen. Im Juni durften die ersten Gruppen wieder nach Tibet reisen, sie können sich allerdings in Lhasa nicht mehr frei bewegen. Tibetern – vor allem in Lhasa – ist es seither in ihrem eigenen Land verboten, mit Ausländern zu sprechen. Es sind bereits Gefängnisstrafen bis zu 14 Jahren verhängt worden. Chinesen dagegen dürfen jederzeit ihre negative Meinung über Tibet frei äußern.

Ursprünglich sollte der Tourismus rasant vorangetrieben werden. Davon profitieren die Tibeter insofern, als eine Reihe von Klöstern, Tempeln und Heiligtümern – insbesondere entlang der Touristenrouten – als Attraktionen wieder aufgebaut wurden. Die „Religionsfreiheit" jedoch ist eine rein äußerliche und wird von den chinesischen Behörden stark eingeschränkt, gesteuert und streng kontrolliert. Kamen 1984 nur 1500 Besucher, waren es 1987 schon 43500; angestrebt wird eine Million. 1988 wurden allerdings nur 22000 Reisende gezählt, darunter allein 6400 Bundesdeutsche. Quantität wird dabei zu Lasten der Tibeter und der Touristen mit Qualität verwechselt. Eine mangelnde Infrastruktur, mangelnder Service, eine schwerfällige Bürokratie, überforderte örtliche Reiseleiter und arrogante Fahrer haben schon so manchem Besucher den (teueren) Spaß verdorben.

Die meisten der mindestens zwei Millionen Chinesen, die heute unter den 1,8 Millionen Tibetern leben, sprechen kein Wort tibetisch und kennen nicht einmal die tibetischen Namen für die Klöster, Orte und Flüsse. Selbst die für jede Reisegruppe obligatorischen örtlichen Reiseleiter sind überwiegend Chinesen, die über Tibet nur in Ausnahmefällen etwas wissen. Oft verhöhnen sie die Mönche und die Religion, manchmal gemeinsam mit chinesenfreundlichen Reiseleitern (Sinologen), und halten sich in Klöstern nicht an das Rauchverbot. Eine junge Reiseleiterin aus Xian, die einen „großen Kulturschock in Tibet erlitten hatte", wischte das Fotografierverbot in einem Kloster beiseite: „Aber ich bin doch Chinesin!" Falsche Angaben sind an der Tagesordnung. Die „Local Guides" verkennen dabei den recht guten Wissensstand vieler Tibet-Touristen. So bestand ein Reiseleiter aus Chengdu bis zum Ende der Tour darauf, daß die heiligen Mani-Steine „Mandala" (Meditationskreis) heißen. Bei solch geringem Wissen und Verständnis wundert es nicht, daß chinesische Behörden Modeaufnahmen im größten Heiligtum, dem Jokhang Tempel in Lhasa, zulassen, oder daß auf einem Bergpaß Tausende von Gebetsfahnen über Nacht abgerissen werden, wie am Khamba La vor Lhasa geschehen.

Es ist im übrigen auch von uns sehr unüberlegt, den Jokhang Tempel mit „Kathedrale" oder die Gebetszeremonie der Mönche mit „Gottesdienst" zu bezeichnen. Sind wir nicht dazu in der Lage, in anderen Kategorien zu denken? Müssen Bergsteiger unbedingt auf Gipfel steigen, die doch der Sitz der Schutzgötter sind? Sollten nicht wenigstens die „natürlichen" Heiligtümer geschützt bleiben, nachdem die von Menschenhand gebauten fast alle in Ruinen liegen? Anstatt den Ausverkauf Tibets durch die Jagd nach Antiquitäten noch zu fördern, wäre es vielleicht sinnvoller, den Aufbau der zerstörten Tempel und Klöster zu unterstützen.

Während des umstrittenen Tibetbesuchs von Bundeskanzler Kohl im Juli 1987, wurde von chinesischer Seite auf einer Pressekonferenz erstmals zugegeben, daß 80 Prozent der Zerstörung bereits **vor** der Kulturrevolution erfolgte und 94 Prozent der Mönche verhaftet bzw. vertrieben worden waren. Vor der endgültigen Besetzung Tibets 1959, die zur Flucht des Dalai Lama und von rund 100000 Tibetern führte, gab es 2700 Tempel und Klöster. Durch die „demokratischen Reformen" wurden sie bis 1966 auf 550 mit 6900 Mönchen reduziert. Nach den Wirren der Kulturrevolution 1966–1976 (mit den schlimmsten Auswüchsen bis 1969) standen 1978 gerade noch acht Klöster mit 970 Mönchen. Selbst diese acht Klöster waren nicht alle unbeschädigt.

Die Zahlen beziehen sich aber nur auf die 1965 etablierte „Autonome Region Tibet", die weniger als die Hälfte der tibetischen Bevölkerung und des historischen Gebietes umfaßt. Der größere Teil von Tibet wurde den chinesischen Provinzen Qinghai und Gansu (früher Amdo) sowie Sichuan und Yunnan (früher Kham) einverleibt. Daher unterscheidet sich die Zahlenangabe von 6254 zerstörten Tempeln und Klöstern der tibetischen Exilregierung von den Angaben der Chinesen.

Dürfen wir auch schweigend zusehen, wenn als Touristen getarnte evangelikale Missionare in Tempeln Flugblätter verteilen, mit denen in tibetischer Schrift nach Bekehrungswilligen gesucht wird? T-Shirts mit der Botschaft „Jesus loves Tibet", die ebenfalls in Lhasa auftauchten, sollen wohl eher die westlichen Touristen daran erinnern, die eigene Religion nicht zu vergessen . . .

Mehr Respekt und Toleranz vor einer anderen Kultur sollte oberstes Gebot sein, selbst wenn sie uns fremd ist und wir sie nicht verstehen. Glücklicherweise gibt es auch einige Chinesen, die Tibet und seine Bewohner akzeptieren. Bleibt zu hoffen, daß sich dieser Kreis ausweitet. „Pessimismus ist der schlimmste Feind", sagt der Dalai Lama, und mit jedem Foto von ihm, das Touristen verschenken, wird in den Augen der Tibeter die Hoffnung auf eine bessere Zukunft verstärkt.